中华文明故事

ZHONGHUA WENMING GUSHI

春秋谱雅韵

陈建中 ◎ 主编   赵显明 ◎ 编著

希望出版社

图书在版编目（CIP）数据

中华文明故事．春秋谱雅韵 / 赵显明编著 ；陈建中主编．
－－ 太原 ：希望出版社，2019.6 (2021.6重印)
ISBN 978-7-5379-8070-8

Ⅰ．①中… Ⅱ．①赵… ②陈… Ⅲ．①文化史－中国
－春秋时代－青少年读物 Ⅳ．① K203-49

中国版本图书馆 CIP 数据核字 (2019) 第 011195 号

图片代理：全景视觉

中华文明故事 / 春秋谱雅韵

陈建中　主编　　赵显明　编著

出 版 人：孟绍勇
策划组稿：杨建云　　赵国珍
项目统筹：翟丽莎
责任编辑：侯天祥
复　　审：张 蕴
终　　审：杨建云
装帧设计：陈东升　　罗紫涵
美术编辑：王 蕾

出版发行：希望出版社
地　　址：山西省太原市建设南路 21 号
开　　本：720mm×1000mm　1/16
版　　次：2019 年 6 月第 1 版
印　　张：9.5
印　　次：2021 年 6 月第 2 次印刷
印　　数：5001-10000 册
印　　刷：三河市同力彩印有限公司
书　　号：ISBN 978-7-5379-8070-8
定　　价：32.00 元

序言

迄今为止，人类文明史上灿烂辉煌的四大文明古国是尼罗河畔的古埃及，两河流域的古巴比伦，印度河和恒河流域的古印度和长江、黄河流域的古代中国。

历史走到 21 世纪的今天，无论是两河流域，还是印度河、恒河岸边，那闪耀着远古人类智慧之光的古代文明成就都早已经被深深地掩埋在滚滚的历史沉沙之下了……

尼罗河畔那巨大的金字塔虽然还向人们昭示着古埃及光辉灿烂的文明成就，但是，文明的链条却早已中断。今天，居住在那里的人们早已经不是它的建造者的后裔。

只有长江、黄河流域的中华古文明始终都没有中断，她走过了数千年漫长的历史进程，经历了跌宕起伏的社会变迁，最终与现代文明连接在一起，延续到了今天。

在 21 世纪的今天，中国人使用的文字与 2600 多年前的古代文字仍然非常接近，以至于一个普通的中学生稍加训练就能够很流利地阅读 2600 年前的古老文化典籍。这种情况，无论在尼罗河畔、在两河流域，还是在印度河和恒河岸边，都是不可想象的。

在古老的中华大地上，从先秦直到宋元，数千年间产生的震惊世界的文明成就至今仍然闪耀着耀眼的光芒，那举世瞩目的先进科学技术，那博大精深的精辟哲学思想，那文学艺术中的《诗经》、《楚辞》、唐诗、宋词和元曲，那优美动听的戏曲和音乐，那精美绝伦的书法和绘画……直到今天，对整个世界仍然产生着深刻的影响。

中华古文明从先秦直到宋元，始终走在世界的最前列，直到近代才开始落伍。为此，英国著名科学史家李约瑟博士提出了一个发人深省的问题："为什么直到中世纪，中国还比欧洲先进，后来却会让欧洲人着了先鞭呢？"

这就是著名的"李约瑟之谜"。

美国著名数学史家 M·克莱因在《古今数学思想》这部书中，曾经评价过古希腊文明产生的原因："亚历山大里亚的希腊文明是在其行将跨进现代文明之际中止了它活跃的科学生命的。……它始终享有思想自由，这是文化之能繁荣昌盛所不可或缺的条件。"

中华古文明的发展进程也有着同样的原因。

中华古文明漫长的发展进程可以划分为三个历史阶段，从远古到秦王朝建立是第一阶段，高峰期为春秋战国时期；从秦汉到隋唐是第二阶段，高峰期为魏晋南北朝时期；从五代到明清是第三阶段，高峰期为两宋和元初。

在这三个文明发展高峰期都出现了科学技术飞速发展、文明成果层出不穷、文学艺术百花盛开的大好局面。而在每一个高峰期到来之前，都出现过普遍的思想解放。

正是在这三个文明进程的高峰期，导致中华古文明在相当长的历史时期始终走在世界的最前列；也正是这三个文明进程的高峰期，导致中华古文明始终不断地向前发展着，从远古一直延续到了今天……

由于宋明理学——伪儒学的发展束缚了人们的思想解放，中华古文明也是在行将进入现代文明之际，逐渐放缓了前进的脚步，也许这正是"李约瑟之谜"的答案？

从十七世纪开始，由于资本主义萌芽的出现，发生了全国范围的农民大起义，东北地区的满族八旗军趁机入关，最终导致了大明王朝的覆灭，打断了中国资本主义萌芽的生长与发展，使中国在行将跨入近代文明之际停下了前进的步伐……

伟大的中华民族是不甘沉沦的，从公元 1919 年"五四运动"开始，各族人民奋起抗争，在伟大的中国共产党领导下，结束了军阀割据局面，打败了日本帝国主义的侵略，推翻了官僚资本主义的统治，新中国如一轮喷薄而出的朝阳再一次崛起于世界的东方。

……

开始了中华民族最美丽的中国梦！

中华文明故事

春秋谱雅韵

目录

雄伟的水利工程	001
精美的青铜宝器	017
神秘的玉石文化	032
无涯的思想境界	047
灿烂的文学瑰宝	060
优美的远古长歌	074
杰出的军事战略	090
古代大百科全书	106
第一个科学巅峰	119
古蜀国千古之谜	133

从远古时期直到秦王朝建立，史学家们称之为"先秦"。在这长达数千年的漫长岁月的最后一个千年，古老的中华民族终于进入了她的第一个文明高峰期——春秋战国时期。

尽管早在公元前3000年前，中华大地上已经出现了最早的文字符号；尽管在公元前2000年前，商王朝已经是一个强大的奴隶制国家。但是直到公元前1100年，随着殷商奴隶制的灭亡和西周封建制度的确立，古老的中华文明才进入了一个崭新的历史阶段。

从公元前8世纪的春秋时期开始，直到秦始皇统一六国，在这数百年间，由于奴隶社会的灭亡和领主制封建社会的确立，人们普遍享有充分的人身自由和思想自由，而这正是科学与文明迅速发展不可或缺的条件。正是在这样的社会条件下，中华古文明第一次达到了世界文明的巅峰。

在春秋战国的数百年间，中华大地上涌现出了众多伟大的思想家、科学家、文学家、诗人和学者，他们有老子、孔子、墨子、孙武、屈原、左丘明……他们也为全人类留下了伟大的文化瑰宝，《春秋》《左传》《诗经》《楚辞》《道德经》《吕氏春秋》《孙子兵法》……

在春秋战国的数百年间，中华古文明取得了举世闻名的辉煌成就。那深邃的思想境界，杰出的军事战略，灿烂的文学瑰宝和优美的诗歌音乐，铸就了世界文明史上永久的思想和艺术的丰碑。那雄伟的水利工程，绝美的青铜宝器，精深的玉石文化和神秘的三星堆文明，至今仍然闪耀着中华古文明的耀眼光辉……

雄伟的水利工程

　　在中华大地上，有两条奔腾不息的大河——长江和黄河。她们像两条美丽的彩带，环绕崇山峻岭，穿越高原平川，给广袤的原野带来了勃勃生机。

　　世界历史上的四大文明古国都是大河文明，都是在大河流水的滋润下形成、发展起来的。长江和黄河是伟大的中华民族的母亲河，是她们孕育了光辉灿烂的中华古文明。

　　在中华民族形成、发展、成长和繁荣的历史进程中，水和水利工程始终起着重要作用。中华大地上出现的第一个奴隶制国家——夏朝，就与治理洪水有着重要联系。

《 美丽的女神 》

亲爱的读者朋友们，你们都听说过女娲（wā）娘娘的故事吧？传说在盘古开天辟地的时候，离黄河和长江源头不远的昆仑山上，就住着美丽的女娲娘娘。

女娲娘娘又叫女娲氏，是传说中人类的始祖。她用水和黄泥捏成男女泥人，吹口气泥人就活了，从此人类就在黄河、长江两岸繁衍生息了。

水虽然孕育了伟大的中华民族，但是水也会给人们带来灾难。传说，灾难来临时，苍天塌了下来，烈火熊熊，烧毁了森林和草原；大地陷了下去，洪水泛滥，淹没了美好的家园；猛禽和恶兽趁机四处出没，伤害了许多人。

"世界四大文明古国"都是大河文明，都和水有着千丝万缕的联系。生活在长江、黄河流域的中华民族在形成、发展、壮大和繁荣的历史进程中，始终与水息息相关。

女娲娘娘

女娲娘娘看到自己的后代受到伤害，非常伤心，就运起神功，在昆仑山上炼成了五色仙石。她用仙石补好了苍天，治住了洪水；然后，又下山杀死了危害人类的猛禽和恶兽，让人们重新过上了幸福的生活。

〖 洪水灾害 〗

女娲娘娘的故事只是传说。真实的历史可能是：在远古时期，中华大地上有一位母系氏族的部落首领——女娲，曾经带领人们治理过洪水。

后来，尧帝做了中华部落联盟的首领，洪水灾害仍然很严重，经常淹没美好的家园，还淹死了许多人。于是，尧帝听从大家的意见，派鲧（gǔn）去治理洪水。

尧帝年龄大了，按照老百姓的意见让舜接替自己当了部落联盟的首领。这就是原始社会实行的"禅让制"。

舜帝巡视天下，发现鲧治水很失败，给人们造成了很大的损失。于是，就在羽山处死了鲧，让鲧的儿子大禹担负起了治理洪水的重任。

〖 大禹治水 〗

大禹带领乡亲们，先从黄河上游的积石峡谷开始疏通淤塞的河道，直到龙门；然后，又从华阴向东疏通到三门峡。

积石峡谷就在甘肃省临夏回族自治州境内的积石山间。现在，这里已经成了黄河上游著名的旅游风景区。

龙门就在孟门山下。黄河流到壶口，便被孟门山阻拦，经常泛滥成灾，淹没田地和村庄。大禹便用巨斧劈开了孟门山，让黄河飞流直下。

据《穆天子传》记载："孟门即龙门之上口也，实为黄河之巨厄。"传说中的龙门就在其下游65千米处。传说，著名的"鲤鱼跳龙门"故事，就发生在这里。如果有哪条鲤鱼能够跃过龙门，便可以变成神龙。所以，每年都有不少鲤鱼逆流而上，直奔龙门。

黄河经壶口，过龙门，流到华阴突然又改变了方向，奔腾咆哮着流向了东面的三门山。

大禹见又有一座大山阻住河水东流的去路，就挥动巨斧，把这座大山劈成了三个通道，形成了今天的三门峡。

　　其实，壶口瀑布和三门峡天险都是自然生成的，并不是大禹用巨斧劈开的。读者朋友们一定会问：那为什么会有这样的神话故事呢？这主要是因为大禹带领人们治水立了大功，人们便把这位治水英雄神化了。

　　大禹治水成功后，就接替舜帝担任了部落联盟的首领。大禹死后，他的儿子夏启废除了禅让制，夺取了部落联盟的领导权，建立了中国历史上第一个奴隶制王朝——夏朝。这就是人们常说的"夏传子，家天下"的由来。

《 武王伐纣 》

　　公元前1700年前后，夏朝灭亡了。取代夏朝的是商朝，商朝存在了600年之后，又被周朝取代了。读者朋友们，你们都看过电视连续剧《封神演义》吧？这部电视剧演的就是周原上的部落首领姬发带领民众推翻商朝的故事。

　　大家一定都很喜欢脚踏风火轮、手持乾坤圈、披着七尺混天绫的小哪吒吧？他就是传说中保周灭商的先行官。

　　《封神演义》是一个神话故事，可商朝的奴隶制的确不得人心。当时，上到80岁的老人，下到几岁的娃娃都

先行官——哪吒

支持武王的正义之师。

西周王朝建立后，分封了晋、齐、鲁、燕、宋等70多个诸侯国，结束了万恶的奴隶制，建立了世界上第一个领主制封建国家。由于分封诸侯，在公元前770年前后，周王朝进入了一个全新的时代——春秋战国时代，从此中华文明在辽阔的九州大地上出现了"百花齐放，百家争鸣"的大好局面。

世界最早的人工湖

前面我们讲过，中华古文明是世界著名的大河文明，所以中华民族的历史总是和水紧紧地联系在一起。

春秋战国时期，我们的祖先修建了许多著名的水利工程，至今仍在世界文明史上闪耀着灿烂的光辉。

大家都知道，水库也叫人工湖，但是你们知道全世界第一座水库在哪儿吗？知道它是谁修建的吗？

大约在公元前600年前后，南方的楚国进行了一次重大改革，楚庄王在改革中重用了一位平民出身的贤臣——孙叔敖。世界上第一座巨型水库——芍陂，就是他带领老百姓修建的。

安徽寿县安丰城南的芍陂湖距今已经有2500多年的历史了。它是全世界最古老的水库。按郦道元《水经注》的记载，这座巨型水库在魏晋南北朝时还有着"周百二十余里"的宏大规模。

《 孙叔敖修建芍陂湖 》

孙叔敖是楚国的令尹。他主持修建过许多水利工程，其中最著名的

孙叔敖

就是芍陂人工湖。

寿县安丰在大别山北部余脉的环抱之中，这里东、南、西三面地势都比较高，只有北面临河，地势低洼。雨少的时候，这里因为地势偏高，十分干旱；每逢雨季，这里又因为临河，经常出现严重的水灾。为了改变这样的恶劣环境，孙叔敖决定修一个大水库。

孙叔敖根据地形，先组织当地的百姓在低洼的地方修堤筑坝，围成了一个蓄水用的大水库——芍陂人工湖。

然后，又开挖水渠，把东、南、西三面山上的溪水都汇集到芍陂湖中存蓄起来。天旱时，蓄水浇地，洪涝时又把水放走。这一带很快就成了楚国最富庶的地方。

因为兴修水利，楚人变得非常齐心、爱国和勇敢。楚国灭亡时曾有人预言："楚虽三户，亡秦必楚。"意思就是说："楚国虽然灭亡了，但是只要剩下三户人家，将来灭亡强秦的也一定是楚国人。"后来，残暴的秦国果然被楚人项羽攻灭了。

《 深远的影响 》

今天的芍陂湖蓄水面积仍然有30多平方千米，蓄水量达8000万立方米，仍然可以灌溉40000多公顷农田。不仅如此，芍陂还是全国著名的旅游景点和重点文物保护单位。这里有塘中岛、岛中塘、孙公祠等多处景点供游人玩赏。

古老神奇的都江堰

大家都知道战国七雄吧？齐、楚、燕、韩、赵、魏、秦七国纷争，最后，秦始皇扫灭六国，统一了中华。战国七雄，都有名臣良将，为什么只有秦国能够统一天下呢？

事情还是和兴修水利密切相关。中国有句俗话"兵马未动，粮草先行"，秦国的胜利主要就得益于两处大型水利工程的修建。

李冰在四川岷江主持修建了伟大的水利灌溉工程——都江堰，把灾害频繁的成都平原变成了旱涝保收的天府之国。郑国在关中主持修建了著名的郑国渠，把本来贫瘠的关中平原变成了富足的千里沃野。

秦国就是靠着这两处大型水利工程强大起来的。

公元前250年前后，秦国蜀郡太守李冰主持修建的都江堰是世界上最伟大、最神奇、最科学的水利工程。都江堰的修建，把原来水旱灾害频繁的成都平原变成了富庶的天府之国。

《 神秘的李冰父子 》

在春秋战国时期的水利工程中，四川的都江堰设计得最为科学，堪称鬼斧神工。因此，当地流传着许多关于李冰父子修建都江堰的神话故事。

传说，李冰当蜀郡太守的时候，岷江中的江神——大蛟龙，经常兴风作浪、危害百姓。那时的成都平原，不是洪水就是大旱。

为了除去灾害，李冰手持宝剑跃入江中想斩杀蛟龙。李冰入水后变成了一头大水牛，江神也变成大水牛与李冰相斗，李冰无法取胜，就跃出了水面。

007

李冰父子

为了制服江神，李冰在军中挑选了几百名勇士，配备了强弓硬弩，并叮嘱他们："我和江神搏斗时会变成大水牛，我把白练束在身上当作标记，身上没有白练的就是江神。你们一定要射死它。"

安排好人手后，李冰再次跃入江中。空中风雷大作，江上恶浪翻滚，两头大水牛斗于水中。勇士们按李冰的安排，瞄准没有束白练的那头水牛万箭齐发，射死了它。从那以后，蜀地就再也没有洪水灾害了。

蜀人为了纪念李冰父子，就在岷江边的玉垒山上修建了二王庙，供奉他们父子的神像，至今香火极盛。吴承恩《西游记》中的"灌口二郎神"就是李冰的儿子二郎，灌口就是都江堰的引水口。

《 李冰修建都江堰 》

真实的李冰，究竟是何方人氏，历史上没有明确记载。人们只知道公元前250年前后，李冰担任秦国的蜀郡太守。

据说，李冰到任后不久，当地的民众就向他反映了岷江的水患。为了根治洪水，李冰和儿子二郎不辞辛苦、跋山涉水对岷江水道进行勘测，最终制定了一个完美的治水方案。

这个治水方案就是今天的都江堰水利枢纽规划工程：主要由宝瓶口、分水鱼嘴和飞沙堰三项重要工程组成。

开凿"宝瓶口"

岷江刚刚从岷山中流入成都平原，就被一座大山——玉垒山挡住了去路。由于成都平原东高西低，所以总是东旱西涝，灾害频繁。为了改变困境，李冰巧妙地设计了第一项工程——宝瓶口。

李冰经过实地考察和勘测，决定先在玉垒山凿开一个引水口，把岷江一分为二，让其中的一部分江水经过这个引水口流到玉垒山东面。这样，在岷江水量大时，既可以分洪减灾，又可以引水灌田，一举两得。由于这个引水口的口小、肚子大，形状像个瓶子，所以人们叫它"宝瓶口"。

听说治理水患，老百姓十分积极。在开凿宝瓶口的时候，有人献计：用火烧红岩石，再泼上冷水，岩石就会自动裂开了。开工后，工地上火光映红了天空，爆响声震撼着山河。很快，玉垒山就被凿开了一个20多米宽的引水口。

修建"分水鱼嘴"

为了把江水分成两股，迫使其中的一股流进宝瓶口，李冰采取了在江心构筑分水堰的办法。开始，李冰带领百姓在江心抛石筑堰，但由于江心水流太急，石头都被水冲走了。

于是，李冰指挥竹工们编了许多长三丈、宽二尺的大竹笼，然后在竹笼中装满石块，再把它们一个个地沉入江底。这些大竹笼顶住了江水的急流，筑成了坚固的分水石堰。

由于分水石堰的最前端很像一个鱼头，所以人们就给它取了个很形象的名字——分水鱼嘴。

这个"分水鱼嘴"把岷江汹涌而来的江水迎面劈开，分成了两股。西面那股水叫外江，是岷江的主流；东面那股水叫内江，是灌溉工程的总干渠，渠首就是玉垒山的宝瓶口。

流入宝瓶口的内江水，都进入了成都平原上大大小小的沟渠、河道，组成了纵横交错的水网，灌溉着成都平原的千里农田。从此以后，成都平原再也不怕干旱了。

巧设"飞沙堰"

为了控制进入内江的水量，李冰还带领老百姓在分水堰的尾部——也就是内江和外江再度汇合的地方，修筑了一道拦河坝。

这道拦河坝非常重要。

洪水季节，内江水量过大，多余的水就会自动从堰顶溢出，流向外江，保证成都平原不遭洪灾。

干旱季节，拦河坝可以拦住江水，保证内江有足够的水灌溉成都平原的农田。

这道拦河坝还有一个重要作用——在洪水季节，利用水流的冲击力，把内江的泥沙从堰顶抛到拦河坝外面的外江之中。因此，人们就给这座位于分水堰尾部的拦河坝起了一个非常形象的名字——飞沙堰。

李冰神像的发现

由于有了宝瓶口、分水鱼嘴和飞沙堰组成的都江堰水利工程，成都平原很快就变成了闻名天下的"天府之国"。

史书对李冰父子修建都江堰的记载非常简单，很早以前就有人对这件事提出了疑问。

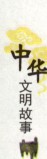

有人认为都江堰水利工程是公元前六世纪杜宇统治蜀地时修建的，还有人认为都江堰水利工程是更早的古蜀国国王鱼凫修建的。

清风终于吹散了迷雾，1974年，人们在都江堰的江底发现了李冰的石像，让真实的历史呈现在了世人的眼前。石像上清晰地刻着"蜀郡太守李冰"的名字，为李冰修建都江堰提供了最重要的实物证据。

都江堰是我国古代最伟大的水利工程，也是世界上最伟大的水利

李冰石像

工程。2000年，在联合国世界遗产委员会第24届大会上，都江堰水利工程被确定为世界著名文化遗产。

古老的郑国渠

我们从地图上都能看出：秦国的地理位置偏西，大部分国土是山区和丘陵，只有四川的成都平原和陕西的关中平原比较平坦。秦始皇能够统一六国，全凭着这两块大平原呢！

在李冰父子成功地修建了都江堰以后，著名水利专家郑国又在关中平原上修建了著名的郑国渠。这两大水利工程为秦始皇统一六国建立了不朽功勋。

公元前248年，韩国的水利工程师郑国主持修建了著名的郑国渠。这条水道沟通了泾水和洛水，把贫瘠的渭北平原变成了没有旱涝灾害的"关中沃野"，变成了秦国最富庶的地区。

《 间谍工程 》

战国时期，齐、楚、燕、韩、赵、魏、秦七国纷争，称为战国七雄。到了战国末期，由于都江堰的修建，农业得到发展，秦国变得相当强大。韩国是秦国的东邻，如果秦国向外发展，韩国首当其冲。

公元前246年，韩桓王想出了一个计谋：引诱秦国兴修水利，消耗秦国的民力和物力，使秦军不能东侵。

计谋一定，韩国就派了当时著名的水利工程师郑国来到秦国，劝说秦王在泾水和洛水之间开挖一条灌溉渠，浇灌关中平原的土地。

《 阴谋败露 》

公元前246年正是秦王嬴政上台的那年，可能由于都江堰的修建让秦人尝到了甜头，正想发展水利灌溉的秦国，马上就采纳了郑国的建议，并命郑国主持这项工程。

水渠还没开挖，韩国的阴谋就败露了。秦王嬴政大怒，下令处死郑国。

郑国诚恳地对秦王说："我来秦国献策修渠，确实是为了消耗秦国的民力和物力。但是我认为，这条水渠如果修成，对秦国有很大的好处。虽然我把韩国灭亡的日期向后延长了几年，但却为秦国立下了万世之功啊！"

秦王嬴政何等聪明，于是便欣然接受了郑国的建议，并继续让他主持修建这条水渠。由于这条水渠是郑国主持修建的，所以就被称为"郑

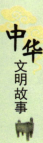

中华
文明
故事

国渠"。

工程开始后，郑国先指挥众人开挖了全长150多千米，从泾水东岸直达洛水西岸的主干渠。主干渠完工后，郑国又指挥众人在泾水东岸的谷口挖开了一个引水口，在洛水西岸挖开了一个入水口，整个渠道就完全贯通了。

郑国渠灌溉的渭北平原在远古时期曾是一片通海湖泊，土壤中含有大量盐卤，是贫瘠的盐碱地。

郑国渠开通以后，由于泾水的泥沙量很大，经过长时期的淤灌，盐碱都被细肥的泥沙压在了土壤的底层，整个渭北平原都变成了肥沃的高产良田。

郑国渠开通以后，渭北平原很快成了旱涝保收的关中沃野，成了秦国最富庶的地区。

世界奇迹——灵渠

亲爱的读者朋友们，你们听说过"船爬山"吗？在秦国修建的、沟通湘江和漓江的古运河——灵渠上，小船真的会"翻山越岭"呢！

灵渠和都江堰、郑国渠被后人并称为秦国的"三大水利工程"。都江堰和郑国渠为强秦统一六国打下了坚实的物质基础，而灵渠则与统一南方的战事直接相关。

《 军事作战需要 》

公元前221年，秦始皇统一了六国。接着，又对占据着浙江、福灵渠虽然全长只有36千米，却是全世界第一个使用船闸的梯级人工运河，比美国修建的梯级运河——巴拿马运河早2000多年，代表了中国古代水利工程的最高峰，是世界航运工程史上的一朵奇葩。

建、广东和广西的百越发动了大规模的军事进攻。

秦军在两广地区苦战三年，始终无法得胜。原因是大军越过五岭之后，水路不通，运输困难，士兵连每天维持生命的口粮都无法保障，根本没法打仗。

于是，秦始皇向军前统帅下达了"凿渠运粮"的命令。负责这项工程的是当时杰出的水利工程师史禄。

史禄经过勘查发现：湘江和漓江这两条河的水量都很大，相距也不远，只要从中间挖一条人工运河就能把两条河连接起来，秦国运送军粮的船就可以经"长江—湘江—漓江"，运到作战前线了。

《 精巧的设计 》

灵渠作为一条古代人工运河，全长仅36千米。但这条运河却巧妙地沟通了长江和珠江两大水系，而且实现了粮船"翻山越岭"的航行，确实是世界水利史上的奇迹。

灵渠设计精巧，科技含量非常高。利用这条人工运河，秦军的船舶能翻山越岭，顺利地到达岭南。最终，把岭南地区全部纳入了秦王朝的版图。

《 高山上的运河 》

灵渠是公元前214年建成通航的。这条运河修建得十分巧妙，完全由人工开凿的只有5千米，其余都是利用原有的河道联结而成的。

中华文明故事

灵渠包括许多重要的水利设施，大小天平、泄水天平、铧嘴和陡门等设施科技含量都很高。

大小天平是建在湘江河道上的拦河坝，作用是让湘江的水进入渠中，以保证灵渠中水深在1.5米左右，以便达到航道通畅的目的。铧嘴筑在小天平前的分水塘中，形状像个耕地的犁铧，作用是对湘水进行巧妙的"三七分派"，让七分水流入湘江，三分水流入灵渠。

灵渠水面宽窄不等，最宽处50米，最窄处只有6米；水深相差也很大，最深处有3米左右，最浅处不到1米。由于采用了先进的船闸技术，所以仍然可以方便地行船。

在广西兴安写着"天下第一陡"的古老船闸，就是灵渠上的第一座船闸。亲爱的读者朋友们，千万别小看这座船闸，它可是全世界的第一座船闸啊！

《 第一条梯级运河 》

灵渠的南北两段渠道虽然只有36千米，却修建了36座"闸"。中国古人把船闸叫"陡门"，所以，灵渠上的天下第一船闸，就成了"天下第一陡"。

"陡门"的原理和今天三峡大坝船闸的原理完全一样：通过闸门的开闭调节水位，保证船只正常通航。

亲爱的读者朋友们，你们一定很好奇：船是怎么爬上高山的呢？这儿有一幅图，你们看了这幅图马上就明白了。

船只上山的时候分为三步：

第一步，打开下游的闸门，让船只进入船闸。

第二步，关闭下游的闸门，打开上游的闸门，让水位上升。

第三步，当船闸中的水位升高到与上游水位相同时，船就可以通过

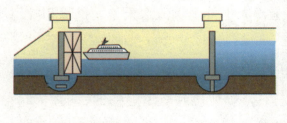

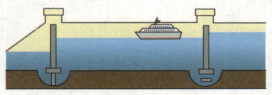

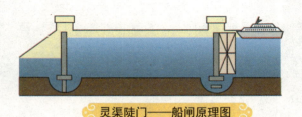

灵渠陡门——船闸原理图

渠为全国重点文物保护单位。

船闸进入下一段河道了。

　　船只每过一个船闸，就提高一次水位，它们"翻山越岭"就是这样一步一步实现的。灵渠是世界上第一个使用船闸的梯级人工运河，比美国人修建的梯级运河——巴拿马运河早2000多年，是世界航运工程史上的一朵奇葩。

　　由于灵渠地处岩溶地区，渠道蜿蜒曲折，风景秀丽异常，现在灵渠沿岸都已经开辟成了优美的风景区。1988年，中华人民共和国国务院公布灵

精美的青铜宝器

我们都知道，人类曾经历过三个重要的历史时代，那就是石器时代、青铜器时代和铁器时代。

在中华民族的历史长河中，青铜器时代具有非凡的意义：无论是古朴庄重、气势雄浑的禹铸九鼎，还是举世无双、音色优美的青铜编钟；无论是锋利无比、寒光耀眼的青铜古剑，还是精美绝伦、神秘透光的古代铜镜，都是中华古文明的历史丰碑。

尽管中华大地进入青铜器时代的时间比古埃及和古巴比伦晚，但中国古代青铜器的制作工艺和精美程度却后来居上，远远超过了其他古代文明。

气势雄浑青铜鼎

公元前2100年前，大禹曾经铸造过九尊巨大的青铜鼎。这就是"禹铸九鼎"的传说。夏朝灭亡后，九鼎归于商；商朝灭亡，九鼎又归于周。因此，后人就把夏禹九鼎称为"周鼎"了。

在遥远的古代，广阔的中华大地被划分成冀、兖、青、徐、豫、扬、荆、梁、雍九州。传说大禹治水成功后，各州都向大禹捐献青铜，大禹就用这些青铜铸成了九尊巨大的青铜鼎。每尊大鼎上分别铸有各州的山川、大泽、草木、禽兽，以及当地的物产，十分精美。

大禹死后，历代帝王夺取天下时，都要夺取这九尊大鼎，作为自己占有天下的标志。

司马迁的《史记》中有一个小故事：

公元前606年，楚庄王率领大军路过洛水。周天子让王孙满犒劳楚军。狂妄自大的楚庄王居然问王孙满："夏禹九鼎有多重？"暴露出了楚国想夺取天下的野心。

自从楚庄王"问鼎东周"，人们就把争夺天下称为"问鼎中原"了。

《 后母戊鼎 》

按照"禹铸九鼎"的记载，中国在公元前2100年的夏代就已经掌握了青铜铸造技术。到了殷商时期，青铜冶炼已经达到了世界先进水平。迄今为止，考古学家们发现的每一件殷商青铜器都是具有极高审美价值的艺术珍品。

现在，保存下来的最著名的殷商青铜器就是商朝晚期的后母戊鼎。后母戊鼎高133厘米，重875千克，现在中国国家博物馆展出。大家如果

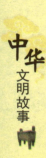

后母戊鼎

去北京旅游，一定要去那里欣赏它雄浑的身姿。

后母戊鼎是现存体积最大、制作最精美的商代青铜器，也是全世界最大、最精美的古代青铜器。它纹饰美观，气势宏大，典雅厚重。

经研究考证，鼎腹内壁铭文"后母戊"是商王武丁的后妃妇好的庙号。后母戊鼎是用陶范法铸造而成的，在商后期铸造后母戊鼎至少需要1000千克以上的原料。

后母戊鼎是迄今世界上出土的最大、最重的青铜礼器，享有"镇国之宝"的美誉。现为国家一级文物，2002年列入禁止出国（境）展览文物名单。

《 精美绝伦 》

殷商时期，青铜器主要用于祭祀。所以，这个时期制作的青铜器体积都相当大，重量也相当可观，重达875千克的后母戊鼎就是商代青铜器的代表性祭祀用品。

由于商代的青铜器主要用于祭祀，所以青铜器上的纹饰大都是奇异狰狞的动物形态。比较常见的有饕餮（tāo tiè）纹、夔（kuí）纹、龙纹、虎纹、凤纹、牛头纹等。这些纹饰构成了殷商青铜器雄浑、精美的时代风格。

著名的殷商青铜器除了后母戊鼎之外，还有安徽阜南出土的龙虎纹尊，湖南宁乡出土的四羊方尊等。殷商时期的青铜器都精美异常，商代以前从未有过，以后历朝历代也再没有出现过。

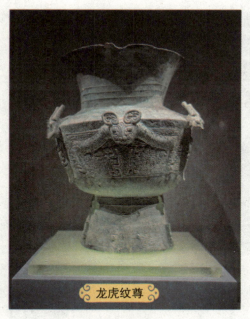
龙虎纹尊

巾帼英雄说妇好

1976年，考古学家在河南安阳发现了商王武丁的妃嫔——妇好的墓葬。上百件珍贵的青铜器让我们穿越历史、穿越时空，感受到了光辉灿烂的殷商文明。

亲爱的读者朋友们，如果你们有机会到河南安阳，千万不要忘了一睹殷商时期巾帼英雄妇好的英姿。

在河南安阳妇好墓前，竖立着一尊汉白玉雕成的妇好塑像：她披坚执锐、威风凛凛、目光炯炯、不怒而威，充分显示了中华巾帼英雄的风采。

妇好是商王武丁的妃嫔。武丁是商朝历史上有名的一代雄主，在位长达59年；妻子妇好担任军队的统帅，率军东征西讨，打败了周围20多个部落，立下了赫赫战功。

《 统率全军 》

在妇好墓随葬的青铜器中，最引人注目的是两件巨大的青铜钺（yuè）。其中一柄装饰龙纹，重达8.5千克；另一柄装饰虎纹，重达9千克。按照甲骨文的记载，这两件巨大的青铜钺就是妇好生前使用的兵器。

这两柄巨大的青铜钺在商代是王权和军权的象征，相当于后世皇帝御赐的"尚方宝剑"。因此，妇好的青铜钺既是妇好的兵器，也是她高贵身份的象征。

妇好

甲骨文中还记载了妇好指挥的一次规模巨大的战争：商王武丁派妇好率领3000多勇士和10000多士兵，去征伐商朝的宿敌羌国。武丁手下的爱将——久经沙场、战功累累的禽和羽都在妇好麾下，归她指挥。

妇好这次率军出征，指挥全军，大获全胜，彻底打败了羌国，巩固了商王朝的西部边境。商代时中华大地上人口还非常少，妇好率领13000多人出征，是商王朝有文字记载的一次规模最大的军事行动。

《 身后殊荣 》

妇好不但带兵打仗，还是国家的祭司和占卜官：她不仅主持商王朝

祭祀天地、先祖和神祇的重要活动，而且掌管占卜的事宜。这在奴隶制社会是很少见的，妇好可以说是一位真正的巾帼英雄。因此，妇好死后，武丁对她进行了厚葬。

妇好墓内的青铜礼器不仅是精美的艺术珍品，而且是商王朝礼制的体现。考古结果表明，妇好的墓室虽然不大，但随葬品却非常丰富，各种精美的青铜器多达上百件，这在其他商代古墓中是很罕见的。

在妇好墓中，除去那两件巨大的青铜钺，许多青铜礼器也都刻有"妇好"的铭文。这些精美的青铜器都是商朝贵族或方国的诸侯奉献给这位赫赫有名的巾帼英雄的祭品。

妇好鸮尊

西周的青铜礼器

西周青铜器最重要的特点是铸有大量的铭文。这些铭文也被称为钟鼎文，记载了许多古代社会的信息，为后人研究那个时代的社会文化和历史事件提供了重要的历史依据。

西周建立后，青铜文化更加发达。商代青铜器主要集中在中原地区，以河南、陕西、山东、山西为主。到了西周，青铜器已经遍布中华大地，北起大漠，南到湘江，东起山东半岛，西到四川盆地，都出土了西周青铜器。

尽管周朝的青铜器没有殷商时期那么雄浑厚重，但青铜器的制作工艺却有了很大的提高，尤其是青铜器上大量的铭文为我们提供了古代文明的重要信息。

信阳楚墓编钟

例如，在陕西临潼出土的"武王征商簋（guǐ）"上，清晰地记载着武王伐纣的日期；在周成王时期铸造的何尊上还留下了武王和成王两代天子营建洛邑的原始记录；在令簋和过伯簋上真实地记载了周昭王南征荆楚、在汉江溺水而亡的故事。

《 神奇的青铜编钟 》

在所有的古代青铜礼器中，春秋战国时期制作的青铜编钟水平最高、工艺最复杂，达到了中国古代青铜铸造技术的巅峰。

春秋战国时期的编钟是乐器，同时也是礼器，经常在重要场合使用。虽然不要求它太坚硬，却要求它发出的声音悦耳动听，外观庄重美丽。

存世最精美、最具代表性的战国青铜编钟有两套：其中一套是1957年在河南信阳长台关楚墓出土的青铜编钟。

曾侯乙编钟

　　这套编钟是战国晚期制作的，编钟外形非常精美，声音清脆悦耳。经测试，这套编钟音律非常准确，达到了春秋时期编钟的最高水平。

　　这套楚墓编钟曾作为中外友好使者，先后赴丹麦、英国和美国等十几个国家演奏。1957年7月，中央人民广播电台第一次播送了用这套青铜编钟演奏的乐曲《东方红》。1970年，科学家们又将这支乐曲装入了我国研制的第一颗人造卫星，让悦耳的钟声遨游天际、响彻太空。

　　另一套编钟比它名气还大，它就是1978年在湖北随州出土的"曾侯乙编钟"。

　　曾侯乙是战国初期曾国的国君，尽管这套编钟年代比河南信阳楚墓编钟还要早许多年，但是却比信阳楚墓编钟更加精美。

　　这套青铜编钟是由65个青铜钟组成的庞大乐器，它不仅12个半音全都齐备，而且以宽广的音域跨越了5个半八度音。

　　这套编钟高超的铸造工艺和良好的音乐性能，全面改写了世界冶金史和音乐史。因此，这套编钟被中外专家、学者称之为"稀世珍宝"。

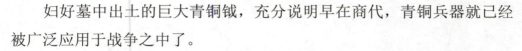

锋利的青铜兵器

妇好墓中出土的巨大青铜钺，充分说明早在商代，青铜兵器就已经被广泛应用于战争之中了。

春秋战国时期，战争频繁。无论野战车战、攻城略地，还是将军统帅、骑兵步卒，都需要精良的武器。因此，青铜兵器有了更加迅速的发展和改进。

《 青铜戈戟矛 》

喜欢练武术的读者朋友们可能都知道，中国古代的兵器分为两大类：一类是长兵器，主要供将士们在战场上驱车乘马、冲锋陷阵时使用；另一类是短兵器，供将军们在指挥作战时使用，不仅用于防身，也是人们随身佩带的饰物。

春秋战国时期，将士们冲锋陷阵时使用的长兵器主要是青铜制作的戈、矛和戟。

戈，是一种非常古老的青铜兵器，流行于殷商至西汉。戈由戈头和戈柄两部分组成。戈头是青铜器，要求坚硬锋利。戈头嵌入木柄，作战时，战士们或乘车或骑马，手握木柄，用锋利的戈头杀敌。

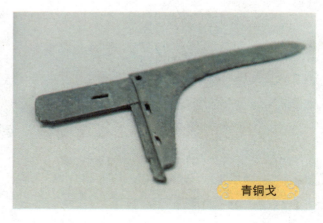

青铜戈

"枕戈待旦"这句成语就来源于这种古老的兵器。春秋时期的青铜戈，大都身材细长，有的戈还刻有铭文或花纹，非常精美。

青铜矛

矛，也是一种长柄武器。从春秋至汉代使用的矛都是青铜制作的，直到汉代以后，才变成铁矛；再后来，就演变成了红缨枪。

矛的构造比戈简单，主要用于刺杀敌人。商周时期的矛都是青铜制作的，比较宽大，常铸有精美的花纹；汉以后的矛大都细长，精美的花纹也不见了。

戟，也是一种长柄武器，流行于商代至战国。戟是戈和矛的结合体，杀伤力比矛和戈更强。三国时期，吕布使用的"方天画戟"就是从商周时期的青铜戟演变而来的。

汉代的方天画戟对敌人既可以刺杀，又可以钩杀，还可以砍杀，威力相当强大。春秋战国时期的青铜戟构造则相对简单一些。

所有的长兵器，都是士兵们在战场上使用的，没有多大的名气。短兵器可就不同了，锋利的剑器不仅是将军、统帅们随身佩带的兵器，同时也是文人墨客喜欢佩带的饰物。因此，自古以来，围绕着剑器发生过许多有趣的传奇故事。

《 青铜宝剑射寒光 》

中国古代的剑，既是短兵相接的武器，又是精美潇洒的装饰品，有时还是权力和地位的象征。皇帝御赐的尚方宝剑更是代表着天子的绝对权威。

1965年，在湖北省江陵市望山的一座楚墓中，出土了两把精美的青铜宝剑，其中一把宝剑上刻着"越王勾践自作用剑"八个字。据考证，

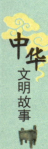

这正是公元前500年前后，越王勾践所用的剑。

这把青铜剑已经在地下埋藏了2500多年，剑身上仍然保持着十分清晰的花纹。这把青铜剑插在木质的剑鞘中，出鞘时寒光四射，耀人眼目，真称得上是上古的"神兵利器"。因此，被人们誉为"中国古代兵器之王"。

无独有偶，1976年，在湖北襄阳蔡坡和河南辉县各出土了一把吴王夫差使用的青铜剑，这两把剑同样保存完好、锋利异常。

吴王夫差正是越王勾践的冤家对头，《吴越春秋》记载的就是这两个诸侯王之间发生的精彩故事。这两把青铜宝剑充分反映了春秋晚期高超的青铜制造工艺，同时也穿越时空，再一次把我们带回了那个动荡的年代。

越王勾践剑

《 子胥过江 》

伍子胥原来是楚国人，姓伍名员，字子胥。他父亲叫伍奢，哥哥叫伍尚。

伍奢是楚国太子建的师傅，楚平王很不像话，霸占了儿子——太子建的未婚妻，囚禁了伍奢，还要杀太子建。太子建跑了，楚平王就杀了伍奢和伍尚。

伍子胥连夜混出昭关，逃往吴国。据说，伍子胥因为担心过不了昭关，十分发愁，一夜就愁白了头。著名京剧艺术家马连良先生的《文昭关》唱的就是伍子胥过昭关的故事。

据说，伍子胥逃到长江边上，江中有个渔夫看到伍子胥很着急，就让他上了船，送他渡过了长江。

伍子胥过江后，解下身上的佩剑对渔夫说："谢谢你救了我，这把宝剑值百两白银，就送给你吧！"渔夫说："按楚平王的悬赏，捉到伍子胥，赏粮食五万石，还能做高官。这些我都没有放在眼里，怎么会贪图你这把只值百两白银的宝剑呢！"

说完就驾船离去了。

伍子胥的剑价值百两白银，在当时并不是十分贵重的剑，但是，由伍子胥引出来的另外一口剑却是中国古代极为著名的宝剑。

《 专诸刺吴王僚 》

伍子胥逃到吴国，在集市上吹箫乞讨，后来遇到了吴国的公子光，当了公子光手下的谋士。公子光为了夺取吴国王位，收买了一位勇士，名叫专诸。

公元前512年的一天，公子光宴请吴王僚，酒过三巡，专诸端上来一盏红烧鱼，趁吴王僚欣赏美味之际，突然从鱼肚子里抽出宝剑，刺死了吴王僚。

传说，吴王僚为了防人行刺，身上穿的是刀枪不入的唐猊铠，但专诸使用的是著名的"鱼肠剑"，这是一把切金断玉、斩铁如泥的宝剑，所以连唐猊铠也被刺穿了。

春秋时期，比鱼肠剑更著名的宝剑是"干将"和"莫邪"。

《 干将与莫邪 》

传说，春秋时期，楚国的干将和莫邪夫妻二人铸出来的剑最锋利，天下闻名。

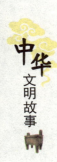

　　楚王听说后，就让人把干将请到王宫，让他为自己铸造宝剑。干将迫于楚王的残暴，只好答应了。他拿着楚王赏赐的东西回到了莫干山的家中为楚王铸剑。

　　干将用了三年的时间终于铸成了雌雄双剑。他深知，如果把宝剑送给楚王，楚王为了不让自己再给别人铸剑，肯定会杀死他。因此，干将就把雄剑埋了起来，只带了雌剑去交差。临行前他对妻子莫邪说："你现在已经怀了身孕，要生个女孩就算了，如果生个男孩，长大以后要让他为我报仇。"

　　干将带着雌剑去见楚王。楚王让懂得宝剑的人验看，验剑人说："剑有两把，一雌一雄，雌剑带来了，雄剑没有带来。"楚王大怒，就把干将杀了。

　　莫邪生下的儿子两眉之间很宽阔，取名眉间尺。眉间尺懂事后向母亲要父亲："人人都有父亲，我的父亲在哪里？"莫邪只好告诉儿子："你父亲给楚王铸剑，被楚王杀了。他让我告诉你，长大以后要为他报仇。"

　　眉间尺挖出了那口雄剑就去找楚王报仇了。楚王梦见有一个眉间很宽阔的小孩子提着剑找他报仇，于是就悬赏捉拿这个孩子。

干将、莫邪

眉间尺迷了路，在山间哭了三天三夜，眼睛都哭出了血。这天，他碰到一位道士。

道士问他："小兄弟，你为什么哭得如此伤心？"眉间尺悲愤地说："我是干将和莫邪的儿子。楚王杀了我的父亲，我要报仇！"

道士说："听说楚王正悬赏千金买你的头，把你的头和剑给我，我能为你报仇。"于是，眉间尺就横剑自杀。

道士提着眉间尺的头去见楚王，楚王很高兴。道士对楚王说："这是勇士的头，应当用大汤锅煮。"楚王就让手下人架起大汤锅把眉间尺的头放了进去。煮了三天三夜，而眉间尺的头却跳出汤锅，瞪着眼睛充满了愤怒。

道士对楚王说："这小孩子的头煮不烂，需要请大王亲自到锅边，只要大王一看，头就煮烂了。"楚王刚走到锅边，道士就挥剑把楚王的头砍落到了汤锅里。然后，道士挥剑自刎，让自己的头也掉进了汤锅。

楚国的大臣们赶到汤锅边上看时，三个脑袋都煮烂了，根本分不清哪个是楚王的头，只好把三个头和楚王的尸体一起以国王的礼仪埋葬了。

从那以后，人们就把干将铸造的这对雄雌宝剑取名为"干将"和"莫邪"了。

楚王死后，这两把宝剑一直在吴越一带流传。

春秋战国结束以后，这对雌雄宝剑就下落不明了。直到西晋才再次出现。

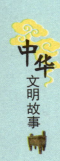

《 张华识宝剑 》

西晋有位名臣叫张华，传说他夜观天象，发现斗牛之间常有紫气冲霄而起，就邀请懂得天象的雷焕共同观测。最后，他们得出结论：紫气起源于豫章的丰城，是宝剑的精气。

张华是晋朝重臣，就帮助雷焕得到了豫章丰城县令的官职。雷焕到任以后，在丰城监狱的地基底下挖出一个石匣。石匣出土后霞光四射，打开一看，匣中有两把十分锋利的宝剑。

雷焕把一把宝剑送给了张华，另外一把自己留下佩带。

张华收到宝剑，拔出来一看，寒光四射，知道这把剑就是"干将"。于是就写信问雷焕："我仔细观看剑文，这把剑是'干将'，'莫邪'怎么不见了？这两把宝剑最终是要复合在一起的。"

八王之乱，张华被杀害，雄剑"干将"就下落不明了。雷焕临死前，把雌剑"莫邪"传给了儿子雷华。

东晋时，雷华担任建安从事。有一次路过延平津，腰间的佩剑忽然跃出剑鞘，掉入河中。雷华请人下水捞剑，那人出水后说："水下根本就没有什么宝剑，只有两条龙在水底下相互盘绕，搅得浪涛汹涌，碧波灿烂。"

雷华这才知道是"干将"和"莫邪"双剑复合，化成了蛟龙。从此，延平津就有了"剑浦"和"龙津"的名字。今天，在南平市延平津双剑化龙的地方已经建成了著名的双剑标志——也是今天南平市的市标。

神秘的玉石文化

中华五千年，最神秘的就是对美玉的崇拜。如果说，水利工程形成了中华民族大一统的、中央集权的农业文明，青铜文化铸造了中华民族五千年光辉灿烂的历史篇章，那么，对美玉的崇拜则造就了中华民族——这条东方巨龙英勇无畏、纯洁无瑕、智慧无限的伟大民族精神。

中国人对玉的珍爱有着悠久、漫长的历史。远古时期，大部分工具都是石头制成的，人们在采集石头、制作工具的时候发现了色彩美丽的玉石。因此，早在距今8000～10000年前，美玉就受到了我们祖先的珍爱。

精美的古玉

在5000～7000年前的河姆渡文化遗址、仰韶文化遗址和红山文化遗址中都发现了大量的玉器，既有佩饰品、祭祀品、工具、兵器，又有许多可爱的小动物。

中国四大玉石：新疆和田玉、辽宁岫岩玉、河南独山玉和湖北的绿松石。其中，新疆和田玉和辽宁岫岩玉开采的时间最为久远，也最为有名。

《 孤山玉斧 》

迄今为止，在中华大地上发现的最早的玉器是1975年在辽宁海城小孤山仙人洞遗址发现的三件玉器。

小孤山仙人洞是一处远古人类遗址，比黄河之滨的仰韶文化和长江流域的河姆渡文化早2000～3000年。

在小孤山遗址中发现的三件古老玉器都是用辽宁岫岩老玉沟的上好玉料打制的，经专家测定，这几件玉器距今已经有8000多年了。

在小孤山古人类遗址出土的三件玉器中，有一件玉斧最为精美。这件玉斧的材质是岫岩老玉沟的青色岫岩玉，颜色非常美丽，器形也相当规整。可以看出，古人曾经对这件岫岩玉石器进行过精细的磨制。

小孤山遗址出土的玉器表明，早在距今8000～10000年前，我们的祖先已经认识到了玉石的美丽颜色和坚韧品质，并已经对玉石进行开发和利用了。

在大江两岸及漠北草原，中华大地的所有古人类遗址中都可以看到用各种美玉雕琢成的小动物：玉龙、玉凤、玉蝉和玉鸟。其中，最著名的就是在红山文化遗址发现的"中华第一龙"。

中华第一龙

翁牛特旗三星塔拉与建平县牛河梁，同属红山文化重要遗址。三星塔拉出土的碧玉龙是红山文化的重要文物，被称为"中华第一龙"。

"中华第一龙"的故事，要从5000多年前红山部落的那场大旱灾说起：那年，天大旱，好几个月不下雨了，地上的草都枯黄了。

红山部落大酋长召集各部落首领商议对策："好久不下雨了，天旱得这么厉害，咱们该怎么办？"

大家沉默了好久，一位老族长说话了："龙王是管下雨的，要想让老天下雨，还得祈求龙王啊！"

另一位族长说："我们已经祭祀了许多天，早就该下雨了，为什么还不下雨呢？"

大酋长说："肯定是龙王认为我们的心不诚啊！我想，我们要用最高贵的玉石制成龙王的像，然后，用最虔诚的礼仪祭祀龙王，祈求龙王给我们降雨，或许能感动龙王。"

《 玉龙出世 》

在大酋长的亲自关注下，各部落的玉工们齐心合力，四处寻找美丽的碧玉石料。最后，他们在辽东岫岩的山中，找到了一块晶莹剔透的碧色美玉。就在玉工们刚刚开始雕刻玉龙的时候，大雨倾盆而下。

玉工们的劲头更足了，由水平最高的工匠亲自动手，使用纯白的金刚砂，经过数天夜以继日地精雕细刻，一条精美卓绝的玉龙终于雕刻成功了。

从那以后，每逢年终岁末，人们都要虔诚地请出玉龙，举行隆重的

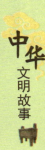

祭祀大典，让玉龙保佑草原上风调雨顺。

《 玉龙初现 》

时间过去了5000年。

1971年8月的一天下午，内蒙古翁牛特旗三星塔拉村一个名叫张凤祥的农民在果林里修整土地时发现了一个质地非常坚硬的墨绿色"大铁钩子"。张凤祥就把它带回家，给六岁的弟弟张凤良当了玩具。

过了几天，张凤祥发现"大铁钩子"竟然让弟弟在地上拖得磨出了光泽，他这才知道这墨绿色的"大铁钩子"可能是一件玉器。于是，就把它送到了翁牛特旗文化馆。文化馆干部王志富虽然不知道它的价值，却认定这是件文物，这位有心人就用30元钱征集了这件文物。两个人都不知道，他们挽救的是国之重宝。

《 神龙出世 》

1984年，考古学家们在辽宁省建平县附近的牛河梁挖开了一座5000年前的古墓，发现了大批玉器，有两件最为精美。经专家们仔细鉴定，这两件玉器是红山文化时期的玉猪龙，极为珍贵。

牛河梁距翁牛特旗近在咫尺，消息很快就

建平玉猪龙（复制品）

035

传到了翁牛特旗，文化馆负责人贾鸿恩立即想到了1971年王志富收集的那件玉器。他意识到，那个碧绿色的玉龙可能与牛河梁的玉猪龙一样，是一件珍贵文物。

贾鸿恩二话不说，带上那件玉器就坐火车赶到了北京。在北京，考古学界的权威们一致认定，这就是5000年前红山文化的珍贵玉龙。

《 中华第一龙 》

这条碧玉龙是用一整块玉料精琢细磨而成的，工艺十分精湛，生气勃勃，栩栩如生。

玉龙的整体形象带有浓重的幻想色彩，显示出中国神龙成熟的形态。

玉龙通体墨绿色，高26厘米，龙形卷曲，像大号英文字母"C"。龙首短小，龙吻前伸，略微向上弯曲；龙睛突起，眼尾细长上翘更为它增添了威猛、深邃的美感。

玉龙的颈背上还有一长鬣（liè），鬣扁薄、弯曲上卷，长达21厘米，呈现出潇洒飘逸之美。

由于这条碧玉龙体形硕大、精美绝伦，是红山文化中最具代表性的玉器，因此，2010年11月2日被考古学界命名为"中华第一龙"。

中华第一龙

中华
文明故事

中华第一凤

红山人生活在北方大草原上，靠近干旱的大漠，特别需要水，所以喜欢龙。良渚人生活在长江沿岸的水乡，气候湿润，特别喜欢太阳，所以也特别喜欢鸟。有人可能会问：鸟和太阳有什么关系呢？

鸟和太阳的关系太密切了。

《 东方神鸟 》

鸟是太阳的载体。在浙江余杭良渚文化遗址中，出土了五件圆雕的玉鸟。

其中的一只玉鸟尖喙短尾，完全是展翅飞翔的样子，鸟背的正中间还雕刻着一个凸起的正圆，这个圆就是太阳。这个造型正是古良渚人的原始崇拜：背负太阳在空中飞翔的神鸟。

在古代神话传说中，东海是鸟的国度，而传说中的凤凰，正是百鸟之王，所以最早的玉鸟——凤凰的前身就出现在了距东海不远的吴越之地，出现在了距今5000年左右的良渚文化遗址中。

在良渚文化遗址出土的玉器中，除了背负太阳的神鸟之外，还有著名的鸟纹玉璧。

国内外收藏的多件良渚鸟纹玉璧纹饰都很相似：自上而下由鸟、杆状物和台阶三部分组成。

专家们推测，神鸟就是太阳的化身，中间的杆状物就是《山海经》中的扶桑树，最下面是祭祀太阳的祭坛。

《 中华第一凤 》

到了夏商时期，北方红山文化中的玉龙和南方良渚文化中的玉鸟已经水乳交融地相聚到了一起。商代晚期，安阳殷墟妇好墓中的玉凤把中国古人对神鸟的崇拜推到了高潮。

前面我们讲过，妇好墓中出土了大量精美的青铜器。其实，墓中出土的玉器比青铜器还要多，据统计共有755件。

这些玉器中有凶猛的熊、虎、象，有林中的猴、鹿、马、牛、羊，还有可爱的鹅、鸟、鱼、蛙和昆虫。

这里，有一头栩栩如生的小鹿正回首向后望着，表现出一副警觉的样子。

那里，有一只美玉雕成的螳螂，头部歪向旁边，表现出悠闲自在的神情。

你还能看到，有一只玉蝉，如同活的一样，似乎能听到它清脆、悦耳的鸣叫。

中华第一凤

尽管有这么多精美的玉器，可当你看到那只"百鸟之王"——玉凤的时候，你仍然会感受到前所未有的震撼：因为所有的玉器都无法与这只玉凤相媲美。

妇好墓出土的这只玉凤是商代最精美的玉器，玉质晶莹润洁，形态美丽精巧，充分表现出了百鸟之王的高贵身份。

这只玉凤身长13.6厘米，厚0.7厘米，形体修长，亭亭玉立，高冠勾喙，短翅长尾，作回首欲飞之态，造型与殷商甲骨文中的"凤"字极为相似。

仔细观赏这只罕见的玉凤，你会发现殷商时期的玉琢工艺已经相当高超：凤首羽冠自然端庄，双翅微微张开；舒展的长尾自然弯曲，尾翎有分有合；镂空的腰身洒脱飘逸，神态非常高雅。可以说，这只玉凤已经完全具备了后世传说中"百鸟之王"——凤凰那高贵、典雅的身份。

美玉寓美德

美玉不仅在中国古代文明起源中扮演了重要的角色，而且与中华民族的传统美德息息相关。

从远古到夏商，是神玉文化时期。美玉主要用于祭祀天地鬼神。外方内圆的玉琮，是天圆地方的象征；圆形中空的玉璧，是与上天沟通的礼器；那用美玉雕成的玉龙、神鸟可能是原始部落的图腾。

从殷商到西周，是王玉文化时期。玉器不仅被用于祭祀天地神灵，也用于王室贵族和诸侯死后的陪葬。美玉变成了王公贵族权力的象征。

到了春秋时期，由于儒家文化的广泛传播，人们对美玉的珍爱也发生了重大的变化：由于儒家文化的创始人孔子对玉的珍爱，美玉从神祇和王权的桎梏中解脱出来，开始成为士人美德的载体。

孔子认为玉有十德："玉温润光泽，是仁；玉郫角方正而不伤人，是义；玉沉重欲坠，是礼……天下人没有不贵重玉的，是道。"由于孔子的影响，人们更注重对玉的内在品格的推崇。

《 君子比德于玉 》

由于孔子对玉内在品格的推崇，也由于汉代以后儒家文化的广泛影响，人们开始有意识地按照玉的"十德"培养自己高尚的品格，"宁为玉碎，不为瓦全"就是中华民族的传统美德。

北魏高洋篡夺帝位后，大肆杀戮元氏皇族的后人。元氏皇族的元景安非常害怕，就召集起元氏家族的人，提出改为高姓，以保全性命。元景安有位堂弟，名叫元景皓，对这事非常气愤，大义凛然地说："怎么能抛弃本姓，随人家的姓呢？大丈夫宁为玉碎，不为瓦全！"后来，元景皓果然不屈被害。

从此，汉语中就有了成语"宁为玉碎，不为瓦全"。

由于君子佩玉主要是为了培养自己的品格，因此，孔子很早就提出了"君子无故，玉不去身"的观念。也就是说，因为君子时时刻刻都要用玉的品格对照自己的言行，所以没有特殊的情况，佩带的玉饰是不离身的。

由于儒家文化的影响，不仅女性的饰品大多用美玉制成，就连皇帝、高官和文人士子，也都非常喜欢佩带玉饰，甚至王公贵族、将军元戎使用的宝剑也全都是用玉作装饰的。

这时，人们对玉的珍爱，已经远远超过了远古和商周时期。

《 与玉相关的成语 》

春秋战国以后，玉器在日常生活中得到了更加广泛的应用。读书人喜欢用玉笔架、玉砚和玉镇纸；乐工们喜欢用玉笛、玉箫和玉磬；妇女的装饰中也有玉镯、玉簪、玉镜台；连酒鬼饮酒都喜欢用玉盏、玉杯和玉酒壶。

汉语中许多成语都与玉有关，人们用"琼浆玉液"形容美酒；用

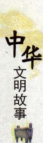

"锦衣玉食"形容华服和美食；用"玉箫金管"表示美好的乐器；用"玉振金声"表示优秀的文章；用"玉宇琼楼"表示华丽的住宅；用"冰清玉洁"比喻君子、淑女的高尚品格。

在汉语成语中，以玉喻人的很多。形容美男的英姿用"玉树临风"；形容美女的容颜用"冰肌玉肤"；形容皇家的女儿用"金枝玉叶"。

不仅如此，从古至今，还流传着许多与"玉"相关的历史故事呢！

和氏璧的传说

春秋战国时期的和氏璧，是中国古代玉器中身份最尊贵、最富传奇色彩的美玉，从它出世、流传到神秘消失，发生过许多有趣的历史故事。

中华大地最具传奇色彩的美玉就是和氏璧。传说，秦始皇统一六国，得到了和氏璧。他让人把这块美玉制成了著名的"传国御玺"。可惜的是，唐朝灭亡时，"传国御玺"也下落不明了。

《 荆山美玉 》

春秋时期，楚国人卞和在荆山上看见有凤凰栖息在一块大青石上。卞和深知"凤凰不落无宝之地"，既然有凤凰栖息在这荆山上，那么荆山上肯定有宝物。卞和就在山中仔细寻找，终于发现了一块玉璞。

卞和下山后，抱着这块玉璞来到宫中，把它献给了楚厉王。玉工们看不出这块玉璞包裹着美玉，认为它不过是块普通的石头。于是，卞和被砍去左脚，逐出了国都。

楚武王即位后，卞和又把玉璞抱到宫中，玉工们仍然认为这块玉璞是块石头。于是，可怜的卞和又被砍去右脚，逐出了国都。

又过了若干年，楚文王继承了王位，卞和怀抱着玉璞来到荆山下痛哭，他哭了三天三夜，眼中流出了鲜血。楚文王听说后很奇怪，派人上前问他："天下被削足的人很多，为什么只有你如此悲伤？"

卞和非常感慨地说道："我不是因为被削足而伤心，而是因为宝玉被看作石头，忠贞之士被当作欺君之臣，是非被颠倒了而痛心啊！"

这次，楚文王没有让玉工对这块璞玉作鉴定，而是直接让人剖开了它，果然得到了一块纯洁无瑕的美玉。这就是流传后世的和氏璧。

【 连城之璧 】

和氏璧出世之后，就成了楚国的国宝，从不轻易让人看。后来，楚国向赵国求婚，与赵国的公主联姻，和氏璧作为聘礼，被送到了赵国。从那以后，这块出产在荆山的美玉就留在了赵国。

秦国听说赵国得到了和氏璧，就动了占有的念头。公元前283年，秦昭襄王派使者带着国书去见赵惠文王，说秦王情愿拿十五座城来换取赵国的和氏璧，希望赵王能答应。从那以后，汉语中就有了成语"价值连城"，和氏璧也成了"连城之璧"。

【 出使强秦 】

赵惠文王跟大臣们商量，要不要答应秦国这件事。答应吧，又怕上了秦国的当，弄不好和氏璧没有了，十五座城也得不到；不答应吧，又怕得罪秦国。赵惠文王和大臣们议论了好久，还是拿不定主意。

这时，有人推荐了蔺相如，说他很有见识，也许能想出好主意。于是，赵惠文王就让人把蔺相如找来，让他帮忙出主意。

蔺相如说："秦国拿十五座城来换一块玉璧，这个价值够高的了。

要是赵国不答应，过错在赵国。如果把和氏璧送到秦国，秦国不给那十五座城，那么过错在秦国。我们宁可答应，叫秦国承担这个错误。"

赵惠文王说："那么就请先生到秦国去一趟吧。可是万一秦国不守信用，怎么办呢？"蔺相如说："秦国给了十五座城，我就把和氏璧留在秦国；如果秦国不给十五座城，我一定把和氏璧完好地带回赵国。"

《 完璧归赵 》

蔺相如带着和氏璧来到咸阳。秦昭襄王特地在章台接见了他。秦昭襄王接过和氏璧，看了又看，非常高兴，还把和氏璧递给了美人和左右的侍臣，让大伙儿传着看。大臣们都向秦昭襄王表示庆贺。

蔺相如见秦昭襄王并没有拿十五座城换取和氏璧的诚意，就走上前对秦昭襄王说："这块和氏璧虽说名贵，但也有点小瑕疵，不容易看出来，让我来指给大王看。"秦昭襄王信以为真，就吩咐侍从把和氏璧递给了蔺相如。

蔺相如拿到和氏璧，往后退了几步，威胁秦王说："大王没有用城交换和氏璧的诚意。如今和氏璧在我手里，大王如果逼我的话，我宁愿把我的脑袋与和氏璧在这柱子上一同撞碎！"

秦昭襄王只好先吩咐人把蔺相如送回住处。蔺相如回到住处后，就叫

出使强秦

一个随从打扮成商人的模样，把和氏璧贴身藏好，偷偷从小道回赵国去了。

第二天，蔺相如大大方方地对秦王说："我已经让人把和氏璧送回赵国，只要秦国把十五座城给了赵国，我保证把和氏璧送到秦国来。"

秦王没有办法，只好放蔺相如回了赵国，也不再提这件事了。

这就是成语"完璧归赵"的由来。

《 国宝流失 》

秦统一六国以后，最终还是得到了这块价值连城的美玉。据说，秦始皇登上皇帝的宝座后，就把这块美玉制成了皇帝专用的御玺。

秦朝灭亡之后，御玺归了汉朝。西汉末年，奸臣王莽篡夺皇位，派手下的苏寻、张献向皇太后索要御玺。皇太后非常愤怒，拿起御玺就向这两个乱臣贼子砸了过去。于是，御玺被崩去了一个角，东汉建立后才用黄金补上。

东汉末年，董卓篡政，宫中大乱，传国御玺也神秘地失踪了。后来孙坚率军攻入长安，在皇宫中发现有五色毫光出于井中，就派人下到井下察看，结果在井中捞出了一个女子，手中正抱着那枚传国御玺。

于是，孙坚就把传国御玺藏了起来。后来，孙坚的儿子孙策就用这枚传国御玺作抵押，向袁术借得精兵，扫平江东，建立了三国时期的吴国。

从那以后，历代帝王占有天下，都想得到这枚传国御玺。唐朝灭亡后，五代纷争，天下大乱，传国御玺也失去了最后的踪迹。也许，这就是古人常说的"神龙见首不见尾"！

玉石编磬奏佳音

古人很早就发现，敲击玉石，能发出清越、优美的长音，这就是"乐"——孔子赋予玉的十德之一。古代，人们很早就用玉制作乐器了。因为中华大地上最先出现的乐器就是磬，所以，最先出现的玉制乐器也是玉磬。

《 泗滨浮石 》

最早的磬，在远古时期母系氏族社会就有了，是石头打制的，也被称为"鸣球"。当时人们以渔猎为生，这种"鸣球"有一个圆孔，拴上绳子可以用来打猎。当人们渔猎归来，就敲着它跳舞娱乐。后来，农业社会的出现，最初的"鸣球"就逐渐演变成了专门用来演奏的乐器——磬。

春秋时期的"磬"是用产于泗水（在今山东省境内）两岸深山之中的泗滨浮石琢磨而成的。

人们把泗滨产的玉料磨成"矩"状的片，中间折曲，两端低垂，上部有一圆孔，用绳子悬挂起来，敲击时能发出美妙的声音。

楚墓编磬

夏商时期，磬已经成为很重要的乐器了。当时的"磬"，都是用泗滨浮石制作的。泗滨浮石带有黄斑，很有玉质感，所以被称为"玉磬"。后来，有人用太湖石制作过磬，但远不如泗水玉料那么坚实、精致，音质也相差很远。

《 曾侯乙编磬 》

西周以后，出现了制作精美、韵律准确的编磬。编磬由一组悬挂在木架上的玉磬或石磬组成，通常为16枚。它们按一定规律从大到小、从厚到薄排列，敲击时会发出高低不同的优美音阶。

编磬平时是不经常用的，只在出征或祭祀时专门用来演奏雅乐。春秋战国时期是编磬制作、使用的高峰期。

1978年，在湖北随县出土了著名的曾侯乙编磬。这套古老的编磬是由玉石、青石和石灰石三种材质组成的，共32枚，分为上、下两层，依次悬挂在青铜制成的磬架上。

曾侯乙编磬音色十分清脆明亮。遗憾的是，由于年代久远，出土时大多数断裂破碎，已经无法演奏乐曲了。

1980年，湖北省博物馆和武汉物理研究所合作，按照原编磬的尺寸和相同的材质制成了曾侯乙编磬的复制品。

这架编磬有着优美动听的音色，低音浑厚洪亮，高音明澈清纯，音域宽广可达三个八度。用这架编磬可以演奏许多种不同曲调的美妙乐曲。

古蜀国千古之谜

第一个科学巅峰

杰出的大百科

灿烂的民俗

无涯的思想境界

神秘的玉石文化

精美的青铜宝器

雄伟的水利工程

无涯的思想境界

春秋战国时期，由于奴隶制的灭亡，生活在中华大地上的人们普遍享有了人身自由和思想自由，思想文化领域也呈现出一派"百花齐放、百家争鸣"的大好局面。

在先秦的诸子百家中，对后世影响最大的是道家和儒家。其中道家的代表人物是老子，儒家的代表人物是孔子和孟子，他们的哲学思想和他们所向往的理想社会，至今仍然影响着整个中华民族的历史进程。

神秘莫测的老子

老子的《道德经》以其深邃的哲理、优美的言辞深受世界各国学者的青睐。英国著名科学史家李约瑟先生曾评价说："《道德经》可能是中国文字中空前绝后最深奥、最优美的作品。"

老子是中国古代最神秘的人物。老子姓李名耳，字伯阳，是春秋时期楚国人。按照《史记》的记载，老子做过东周的史官，后来骑着一头青牛向西出函谷关，不知去向了。

老子在出关之前留下了一部深邃的哲学著作——《道德经》。正是这部神秘的著作，确立了老子在中国哲学史上的重要地位，使老子成了先秦时期最伟大的思想家；也正是这部神秘的著作，让老子成了中国本土的传统宗教——道教的崇拜偶像。

在道教的典籍中，老子完全被神化，变成了中国传统神话中的"太上老君"。也就是小说《西游记》中把孙悟空放在八卦炉里的那位"太上老君"。

【 老子是一条龙 】

汉代大文学家、史学家司马迁非常推崇老子。他在《史记》中曾经记载了这样一个小故事：孔子到东周，向老子请教有关"周礼"的问题。

孔子回来后，感慨地对弟子们说："鸟儿，我知道它能飞；鱼儿，我知道它能游；野兽，我知道它能跑。跑的东西可以用网捉，游的东西可以用钩钓，飞的东西可以用缯（zēng）射；至于龙我就不知道了，它可以乘扶云而直上九天。我今天见到了老子，他就是一条龙啊！"

《 西出函谷关 》

老子撰写的《道德经》，充满了神秘色彩，这也可能是老子被神化的重要原因。

道教的传说和司马迁的记载相同，老子长期在东周修习道德，由于看到周王室日益衰微，就准备离开东周去西方隐居。

路过函谷关的时候，守关的官员尹喜对老子说："您就要出关隐居了，请把您修习的道德为我写出来吧。"于是，老子就为尹喜写下了那本著名的《道德经》。留下这部名著，老子就骑着青牛出函谷关向西而去。从那以后，就再没有人见到过他。道教中说他成仙了。

《 世界上最优美的作品 》

老子的《道德经》深受世界各国学者的青睐。英国著名科学史家、《中国科技史》的作者李约瑟先生评价说："《道德经》可能是中国文字中空前绝后最深奥、最优美的作品。"

古今中外，各个学科的学者和各个不同的学派，似乎都可以从老子的《道德经》中找到有利于自己的哲学思想。这可能正是老子《道德经》的魅力所在。

亲爱的读者朋友们，你们一定会问：老子的《道德经》究竟说了些什么呢？

《 深邃的哲学思想 》

《道德经》的开头非常简单，也非常深奥，只有十二个字："道，可道，非常道。名，可名，非常名。"但是，这十二个字却向人们揭示了世界万物的本原。

这十二个字的意思是："道"是说不出来的，如果能说得出来，老子《道德经》"天之道，损有余而补不足。人之道则不然，损不足以奉有余。孰能有余以奉天下，唯有道者。"

那它就不是永恒的道；"名"也是叫不出来的，如果叫得出来，它也不是永恒的名。那无形又无名的"道"就是构成世界万物的本原。只有从有形的深远境界，到达那无形的更深远的境界，才是人类达到和认识世界奥秘的总的门径。

千百年来，学者们对老子的这十二个字，有数不清的解释，令人摸不着头脑。其实，这十二个字正是对当时统治阶级的深刻批判。

按照老子的观点：残暴的苛政既然是"有形"的，就不是永恒的，就不会永远存在下去。森严的等级制度既然是"有名"的，也不是永恒的，也不会永远存在下去。老子这句话的意思同伟大的德国哲学家黑格尔的那句名言的意思是一样的："凡是现存的，都是应该灭亡的。"

老子认为，"道"的最高境界是"天之道"。因为"天之道"总是减少多余的，弥补不足的；而"人之道"则相反，总是削减不足的，供给多余的。谁如果能把多余的东西拿出来奉献给天下，他就是一个遵循自然规律、遵循"天道"的圣人。

老子深刻批判"损不足以奉有余"的"人之道"，正是对春秋时期社会不平等现象的根本否定。老子推崇"损有余而补不足"的"天之道"，正是对人人平等的理想社会的追求。

《 犀利的道德批判 》

老子《道德经》的核心是什么呢？其实就是以"天之道"为依据对当时统治阶级的倒行逆施进行深刻、严厉的批判。

老子在《道德经》中指出，那些依仗权势欺压百姓的君主和官吏，并不是正人君子，只不过是一伙巧取豪夺的强盗头子而已！

老子在《道德经》中感慨地说："他们的宫殿非常华美，但是农田却一片荒芜……他们穿着漂亮的衣服，佩带着锋利的宝剑，吃厌了美味和佳肴，占有了丰裕的财富，但是，他们是真正的强盗头子。这些强盗头子们所说的'道'根本就不是真正的道！"

《 老子的理想社会 》

在《道德经》中，老子给我们描绘了他内心向往的理想社会——周原上曾经有过的那个理想的原始共产主义社会。

老子的理想社会是一幅和平、安定，没有阶级，没有战乱的、安静的田园山水画：国家都很小，人民的数量也很少。人们都爱惜自己的生命，所以不向远处迁徙。虽然有车有船，却不需要乘坐；虽然有铠甲兵器，却不需要布阵打仗。人们用上古使用的方法"结绳记事"。人人都认为自己的食物最香甜，自己的衣服最美丽，自己的习俗最欢乐，自己居住得最安逸。邻国的人可以相互望见，连鸡鸣狗叫的声音都听得非常清楚，但是直到老死也不相互往来。

老子是位非常博学的学者，他在两千多年前就已经认识到物欲横流对"天道"也就是自然界的破坏。因此，他认为人们应当放弃对骄奢淫逸生活方式的追求，返回"甘其食，美其服，乐其俗，安其居"的朴素生活状态。

长夜之中的明

在大洋的彼岸，在牛顿故居的墙上有一首小诗："自然和自然规律，都隐藏在黑暗的夜空中，上帝说：'让牛顿降生吧！'于是一切都变得光明。"

孔子主张："大道之行也,天下为公。选贤与能,讲信修睦,故人不独亲其亲,不独子其子,使老有所终,壮有所用,幼有所长,矜寡孤独废疾者,皆有所养。"这不正是一幅完美的共产主义图画吗?

这是英国诗人亚历山大·波普赞美牛顿的诗。对于这首夸张的小诗,英国人从来没有说过什么怪话。

中国人却不一样,古人说："天不生仲尼,万古如长夜。"这句话虽然和亚历山大·波普称赞牛顿的话差不多,却有人跳出来说："难道在孔子之前,人们都是打着灯笼走路的吗?"

其实,"天不生仲尼,万古如长夜"真实地体现了孔子在中国五千年文明史上没有人能取代的重要地位。

孔子(前551—前479),姓孔名丘,字仲尼,春秋时期鲁国人,是中国古代伟大的思想家、政治家和教育家。孔子不仅教育学生学习"礼、乐、射、御、书、数"六艺,培养他们成为对社会有用的人才,而且以身作则,以天下大事为己任,努力实现美好的理想社会。

【 苛政猛于虎 】

孔子生活的时代,周王室礼崩乐坏,人民生活苦不堪言。孔子出身于宋国没落的贵族家庭,后来迁到了鲁国。他从小过着艰苦的生活,所以能够深刻理解下层劳动人民的苦难,而且对他们的悲惨遭遇给予了无限的同情。

孔子主张"有教无类",因此他的学生非常多,据说他有弟子三千,贤人七十二,许多都是有志于学的穷孩子。

记载孔子言行的《礼记·檀弓》就是他的弟子们编辑成书的,在这部书中有这样一个感人的故事:

有一次，孔子带领弟子们从泰山旁边经过，见到一位妇人在墓旁哭得非常悲恸，孔子让车子停下，并让子路上前，问她为什么这么伤心。

这位妇人哭着告诉孔子说："早先，我的公公被泰山的猛虎所伤，后来，我的丈夫也死于泰山的猛虎，现在，我的儿子又死于猛虎，所以我非常悲伤。"

孔子对妇人表示了深切的同情和关怀，并询问她："那你们为什么不离开这里

孔子过泰山侧

呢？"妇人回答说："这里没有暴虐的统治啊。"孔子听后非常气愤，对他的学生们说："你们一定要认识到，苛政比老虎还要凶猛啊！"

【 以民为本 】

孔子带着学生周游列国，四处奔波，就是为了实现他的"以民为本"的政治主张。有一次，子贡问孔子："老师，如果有人能为全体民众谋利益，让所有的人都过上幸福生活，这个人做得怎么样？能算是做到'仁'了吗？"

孔子回答说："这样的人不止做到了'仁'，他已经达到了'圣'啊！连尧和舜也没能做到这么完美！至于'仁'，自己有作为，同时也让别人有作为，自己想实现人生价值，同时也让别人实现人生价值，能这样平等待人，就可以算作是'仁'了。"

孔子认为只有为全体民众谋利益，立志让全体民众都过上幸福生活，才能称得上是"圣"。孔子对"圣人"的赞美正是他周游列国所追求的远大理想。

《 仁者爱人 》

孔子的政治主张很简单，就是一个"仁"字。有一次，孔子的学生樊迟问孔子："老师，到底什么是'仁'呢？"孔子的回答非常明确："爱人。"

孔子尊崇周原上曾经有过的美好社会制度，还曾为此专门向老子求教。后世儒家总是把孔子和老子对立起来，其实孔子和老子的许多观念是相通的。

老子称当时的统治者为强盗头子，孔子对当时残暴的统治者也很反感。他所主张的"仁者爱人"就是"以民为本"。

孔子不仅非常激烈地反对用活人殉葬，甚至对统治者使用陶俑殉葬都不能容忍，因为陶俑也具有人形啊！

孔子曾经对用俑人殉葬的恶劣行为进行过严厉的谴责，他愤怒地质问："始作俑者，其无后乎？"就是诅咒这些恶人断子绝孙。从那以后，汉语中就有了成语"始作俑者"，用来专指带头做坏事的人。

《 天下归仁 》

孔子认为，如果每个人都抛弃了自己个人的私欲，就可以实现世界大同。有一次，颜渊问孔子说："怎样做才能够实现'仁'呢？"

孔子回答说："抛弃自己个人的私欲恢复周礼，就是'仁'。如果每个人都能抛弃自己个人的私欲，就达到了天下'归仁'——也就达到了世界大同。"其实，孔子主张的"仁"就是周原上曾经出现过的"天下为公"的原始共产主义社会。

孔子周游列国，就是为了说服各国君主接受他"克己复礼"的政治主张，就是为了"天下归仁焉"——实现他心目中"以民为本"的理想社会。这也是孔子世世代代为人们所敬仰的重要原因。

伟大的胸怀

孔子一生追求的就是实行有利于老百姓的"仁政"，而不是为了自己"升官发财"。孔子所向往的是实现"大同世界"，让每个人都过上无拘无束、优哉游哉的自由生活。

孔子问曾皙，你的志向是什么呢？曾皙回答说："暮春者，春服既成，冠者五六人，童子六七人，浴乎沂，风乎舞雩，咏而归。"夫子喟然叹曰："吾与点也！"

有一次，孔子和弟子们聊天，在场的有子路、曾皙、冉有和公西华。孔子依次询问他们每个人的志向。

子路的志向是："我要用三年时间，治理好一个拥有千辆兵车、挟在大国之间的小国。让老百姓勇敢而知道礼义，不怕受到国外的军事威胁，也不怕国内发生灾害和饥荒。"孔子听了，只是微微地笑了笑。

冉有的志向是："治理一个方圆六十里左右的小国，三年时间可以使百姓富足。至于礼乐教化，就要等到君子来推行了。"

公西华的志向是："我要好好学习。穿戴符合礼仪的服装，做个小小司仪掌管宗庙祭礼或会见外来使节。"

最后，孔子问到曾皙，曾皙站起来回答说："我的想法同他们三位都不同。"孔子说："那有什么呢？不过是各自谈谈自己的志向罢了。"

曾皙以非常向往的神情对孔子说："暮春时节，穿上春天的服装，约上五六个同伴、六七个小孩子，在沂水里洗洗澡，在和暖的春风中跳跳舞，然后一路唱着歌儿回家。"

听完曾皙的话，孔子深深地叹了口气，然后说："我和曾皙的想法是一样的啊！"

中华文明故事 春秋诸推敲 无涯的思想境界

不过，这对孔子来说只能是一种奢望。孔子的后半生，始终周游列国、四处奔波，就是想实现自己心目中那个以民为本的"大同社会"。但是，他率领弟子走遍了中华大地，没有一个统治者愿意接受他的政治主张。

孔子活着的时候，不是被驱逐，就是遭冷落。这位中国最伟大的思想家、教育家直到死，也没能过上那个他所向往的"冠者五六人，童子六七人，浴乎沂，风乎舞雩，咏而归"的美好生活。

后世称孔子有"弟子三千，贤人七十二"。但是，真正对他的民本思想进行发扬光大的是他的第四代弟子孟轲。

杰出的后继者

孟子的民本思想非常明确。他主张："民为贵，社稷次之，君为轻。"在古代，"社稷"指的是国家政权。这句话的意思是：老百姓最重要，国家政权是次要的，君王是最不重要的。

孟轲（前372年—前289年），战国时期邹国人，他在儒家学派中的地位仅次于孔子，排在第二位，被后人尊称为"亚圣"。

五十步笑百步

孟子完全继承了孔子的民本思想，他明确提出了"老吾老以及人之老，幼吾幼以及人之幼"的社会理想。

有一次，孟子和梁惠王谈治理国家。

梁惠王对孟子说："我对国家，真是费尽了心血。河内遭到了灾荒，我就把老百姓迁到河东，同时还把河东的粮食调到河内。如果河东遭灾我也会同样处理。我考察过邻国的政治，还没有谁像我这样替老百姓着想呢。可是，邻国的老百姓并不因此而减少，而我的老百姓也不因此而增多，这是什么原因呢？"

孟子回答说："大王喜欢打仗，我就用打仗做比喻吧。战鼓咚咚擂响，兵器刚刚接触，就有人抛下盔甲拖着兵器向后逃跑。有人跑了一百步停了下来，有人跑了五十步停了下来。如果那跑了五十步的人嘲笑跑了一百步的人，您觉得如何？"

梁惠王说："他不过没有跑到一百步罢了，同样是逃跑啊。"孟子说："大王既然懂得这个道理，那就不能幻想您的百姓比邻国多了。"

《 批判食人的社会 》

孟子反对各诸侯国的统治者对人民的横征暴敛，对当时的统治者进行了尖锐的抨击和讽刺。

孟子当面对梁惠王说："你的厨房里有肥肉，你的马厩中有肥马，你的人民却因为吃不上饭面黄肌瘦，野外还躺着被饿死的人的尸体，这不是统领着野兽吃人吗？孔子说：'最初以俑人陪葬的人，肯定会绝后！'因为他用了像人的俑陪葬。现在您怎么能让您的人民活活饿死呢？"

孟子还以讽刺的口吻对梁惠王说："把鱼赶到深池里的是水獭，把鸟赶到树丛中的是鹞鹰，把老百姓赶到商汤和周武王那里的正是桀和纣啊！"

"现在天下如果真的有明君，所有的诸侯都正在替他驱赶百姓啊。"在这段话里，孟子实际上否定了当时所有的统治者，认为他们当中没有一个真心热爱自己人民的君王。

《 民为贵君为轻 》

孟子确实是孔门的好学生、好弟子，是真正掌握了孔子原始儒学真

孟子见梁惠王

谛的伟大学者和思想家。在对待人民与君王的关系上，孟子比孔子走得还要远，孟子的思想更加充分地体现了原始儒家的民本主义思想核心。

孟子明确提出了"民为贵，社稷次之，君为轻"的思想。在孟子看来，人民、国家和君王三者，最重要的是老百姓，其次是国家，最不重要的是君王。

孟子认为：真正得民心的人才可以做天子，得到天子欢心的只能做诸侯，得到诸侯欢心的只能做大夫。

当国君的行为危害国家的时候，就得改立国君；当国家政权不称职的时候，就得建立新的国家政权。无论在任何情况下，人民都是不能够更换的，因此只有人民才最重要。

孟子这种"民为贵，君为轻"的民本思想是任何一个专制独裁政权都不可能接受的，这也是孟老夫子一生不得志的重要原因。

《 桀纣之君可杀 》

孟子从小受母亲的影响很大。孟母是一个非常善良的人，所以孟子对残暴的专制君王非常痛恨。有一次，齐宣王问孟子："商汤流放夏桀，武王讨伐殷纣，这些事是真的吗？"孟子回答说："按照历史的记载，是发生过这样的事。"

宣王又问："他们身为臣子，弑君的行为难道是对的吗？"

孟子回答得非常干脆："毁灭'仁'就是坏蛋，毁灭'义'就是残暴，残暴的坏蛋不过就是个坏蛋而已。所以，我只听说诛杀了一个坏蛋叫纣，没听说过这叫作弑君。"

对于凶残暴虐的"桀纣之君"，孟子主张"人人得而诛之"。所以，孟子认为，诛杀夏桀和殷纣那样的坏蛋，根本不能用"弑君"这两个字。

《 被赶出孔庙的亚圣 》

孔子生前虽然四处奔波，为各国诸侯所不容，死后却被誉为"圣人"，地位还是相当高的。而孟子，由于民本思想太强烈，所以生前就不得志，死后还受到过迫害。

宋元以前，孔子是"圣人"，孟子是"亚圣"，享有在孔庙中陪祀孔子的荣耀。《孟子》一书也同《论语》一样是科举考试必读的圣贤之书。

但是，明代的朱元璋当了皇帝以后就把孟子赶出了孔庙，再不许他在孔庙中陪伴孔子了。其实这位朱姓皇帝可是要饭的"小叫花子"出身，他为什么这么恨孟子呢？

原来，朱元璋不能接受孟子"民为贵，社稷次之，君为轻"的观念。既然你说"民为贵，君为轻"，那我只能把你赶出孔庙了。大多数专制统治者虽然没把孟子赶出孔庙，但他们也从没按照孔子和孟子的主张治理过国家。

在长达两千多年的历史时期内，只有秦始皇不虚伪，公开宣称反对"孔孟之道"。除此以外，历代皇帝表面上都推崇孔子和孟子提倡的"仁政"，却从来没有一个帝王真正实行过。

雄伟的水利工程
精美的青铜宝器
神秘的王陵文物
无涯的思想
灿烂的文
优美的文
杰
古代大
第一个科学巅峰
古蜀国千古之谜

灿烂的文学瑰宝

　　春秋战国时期，思想文化领域呈现出一派"百花齐放、百家争鸣"的大好局面，诸子百家的学者为我们留下了许多著名的文学艺术瑰宝。

　　在中华古文明史上，文学、史学和哲学是分不开的，所以，人们总是说"文史哲不分家"。著名的《春秋》和《左传》既是优美的文学作品，又是翔实的史书；《庄子》既是优美的文学作品，又充满了深刻的人生哲理。这些文学艺术瑰宝对后世产生了非常深远的影响。

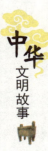

中华文明故事

真实的历史画卷

《春秋》是先秦时期最重要的编年史，记载了从公元前722年—公元前481年将近250年的重要历史事件。

由于《春秋》的文字过于简略，这部书一问世，就有人对它进行解说了。《左传》就是一本详细解释《春秋》的书。所以也被称为《春秋左传》。

秉笔直书的作者

历史多是胜利者写的，一般歌功颂德者多，因此并非所谓"正史"就是可信的。然而《春秋左传》的作者左丘明和当时的统治者却没有任何联系，在他笔下为我们展示的是真实的历史画卷。

《春秋》全书只有一万多字，《左传》却有十八万字，对春秋时期发生的重大历史事件都记载得很清晰。作为文学作品，《左传》在文笔上也比《春秋》写得更加生动、精彩。

《春秋》和《春秋左传》对历史事件和历史人物的评价都很真实，都是秉笔直书、毫不留情。孔子对左丘明正直的品格相当钦佩，他曾经对学生们说：

《春秋》的作者，自古就有争议，有人说"孔子作春秋"，也有人说是鲁国史官写的。《左传》的作者却十分明确，是盲人学者左丘明写的。所以称为《春秋左传》。

左丘明

"巧言令色，拍别人的马屁，左丘明和我都认为可耻。隐藏自己的怨恨，对不仁义的人友好，左丘明和我也都认为可耻。"

亲爱的读者朋友们，你们可能要问：《左传》都写了哪些深刻、精彩的历史事件呢？答案是：凡是《春秋》中记载的历史事件，左丘明都进行了详细说明。

深刻的民本思想

《左传》最突出的就是先秦时期的民本思想。无论对历史事件的评价，还是探讨战争胜负的原因，作者总是把人民的支持、人民的意愿和君主对人民的态度作为评价的尺度。

《郑文公迁都》

《左传》记载了这样一个小故事：郑国是春秋时期的一个小国，国君郑文公为了百姓的利益，甚至不怕减少自己的寿命。因此，受到了左丘明的极力赞扬。

鲁文公十三年，郑文公打算迁都到绎那个地方，便让史官进行占卜。史官回答说："把国都迁到绎对百姓有利，对君王您却不利。"郑文公说："只要对百姓有利，就是对我有利。上天为养育百姓才设立了君王，我就是为了给他们谋福利的，百姓得到了利益，我自然

郑文公

也就得到利益了。" 郑文公的近臣对他说："如果不迁都，您的寿命可以延长，为什么一定要迁都呢？"

郑文公说："国君的使命就是养育百姓。至于我个人寿命的长短，就听天由命吧。只要迁到绎对百姓有利，就是最吉利的事。"

于是，郑国就把国都迁到了绎。五个月之后，郑文公就去世了，左丘明给郑文公的评价是三个字："知天命。"

郑文公作为一个小国的君王，一心想着百姓的利益，甚至可以把自己的性命置之度外，这在秦汉以后两千多年大一统的、中央集权式的专制统治下是根本不可想象的。只有在春秋时期才有这样的民本思想，才有这样的君王。所以，左丘明认为郑文公是"知天命"的明君，而这个"天命"就是百姓的切身利益。

《 晋灵公草菅人命 》

《左传》还以犀利的笔锋有力地鞭挞了那些乱施淫威的昏君们的残暴恶行和荒淫丑态。

《左传》详细记载了鲁宣公二年晋灵公随便伤人、杀人的罪恶行径。

晋灵公不仅横征暴敛，修建华丽的花园和宫殿，还喜欢胡作非为。为了取乐，他经常站在宫中的高台上用弹弓打过路的行人，并看着行人躲避弹丸取乐；打着行人以后，他竟然开心得哈哈大笑，有的人甚至被打伤了眼睛。

晋灵公还滥杀无辜。有一次他要吃熊掌，因为厨师烧煮熊掌时没有烧熟（熊掌非常难熟），就把厨师杀了。然后，他把厨师的尸体放在畚箕中，让宫中的妇女抬着大摇大摆地走过朝堂。

左丘明在书中把晋灵公这个残害百姓、草菅人命的无道昏君刻画得活灵活现。他的是非观念非常明确，对晋灵公的昏庸无道进行了有力的鞭挞，对受苦受难的百姓充满了同情。

《 秦穆公活人殉葬 》

《左传》还如实地记载了秦穆公用活人为自己殉葬的暴行，表达了秦国人民对秦穆公的强烈不满，并且对被迫殉葬的子车氏家的三个儿子表示了极大的同情。

左丘明写道："秦穆公死了。让子车氏家族的三个贤良的儿子奄息、仲行、针虎给他作陪葬，这三个人都是秦国最杰出的人才，秦国人民全都非常悲伤，并为这件事专门作了《黄鸟》这首歌传唱。"

不仅如此，左丘明还站在平民百姓的立场上对秦穆公死后用活人殉葬的血腥暴行进行了严厉的谴责。

精美的艺术奇葩

亲爱的读者朋友们，你们知道中国古代最早的小说是什么时候出现的吗？

学者们普遍认为中国的小说最早出现在魏晋南北朝时期。其实，《左传》中记载的许多历史事件，都写成了生动、感人的小故事。这些小故事有很高的文学性和欣赏性，已经是很好的短篇小说了。

《左传》中的故事，有描写战争的，有描写爱情的，有描写恩怨情仇的，甚至还描写了动物喂养儿童的有趣情节。作者把这些故事写得生动、简练，读起来身临其境。因此，可以毫不夸张地说，《左传》确实是春秋时期一朵精美的艺术奇葩。

《 剑侠的始祖 》

很多人都喜欢武艺高强、除暴安良的剑客和侠客们，文史学家们认为剑侠小说最早起源于唐代，其实在《左传》中已经可以看到他们行侠仗义的身影了。

《左传》中记载了一位舍生取义的侠士钽麛。

前面我们讲过，晋灵公昏庸无道，经常干坏事。晋国的重臣赵盾为了国家和百姓的利益，多次对他进行劝谏。没想到晋灵公恼羞成怒，竟然派了晋国有名的武士钽麛去行刺赵盾。

钽麛天不亮就到了赵盾家的门外，爬到了大槐树上，进入赵宅，看到赵盾已经穿好朝服准备上朝了。由于时间还太早，这位贤臣正端坐在那里打盹呢！钽麛看了一会儿，心中感到十分难过，就退了出来。

他感叹地对自己说："赵盾如此恭敬勤奋，真是个一心为百姓的好人啊。我如果杀了这样的好人就是不忠；如果违背了君王的命令，就是不信。这不忠不信，占了其中哪条，都不如死了好。"

侠士钽麛

于是，他就大喊一声，惊醒了赵盾。钽麛对赵盾说明了他面临的危险情况后，就撞死在了赵盾家门外的大槐树上了。

这个小故事，左丘明只用了区区几十个字，赵盾忠心耿耿、尽职尽责的良臣形象；钽麛敬佩忠良、爱护贤臣、视死如归的侠士之风，都被左丘明描绘得栩栩如生。

《 嫁小妾结草擒敌 》

《左传》记载的大多是历史事实，但也有以史实为依据杜撰出来的传奇故事。其中，晋国大将魏颗的故事就是一例。

晋国的大将魏颗是魏武子的儿子。魏武子有个爱妾，没有生过孩子。魏武子在生病的时候曾经对魏颗说过："她还年轻，我死了以后，你一定要让她改嫁。"

但是，等到魏武子病危时又对魏颗说："我死后你一定要让她给我殉葬。"

后来，魏武子死了，魏颗就让父亲的这个爱妾改嫁了。有人指责他对父亲不孝。他说："父亲重病的时候神志已经不清楚了，这件事我是按照父亲清醒时说的话来办的。"

后来，秦国大将杜回率军入侵晋国，魏颗率军迎战。双方展开激战，魏颗败退时被杜回紧紧追赶，危急之中，看见一个老人用草绳打成的结绊倒了杜回的战车；于是，魏颗顺利地活捉了杜回。当他回过头再找那个结草老人的时候，老人早已经不

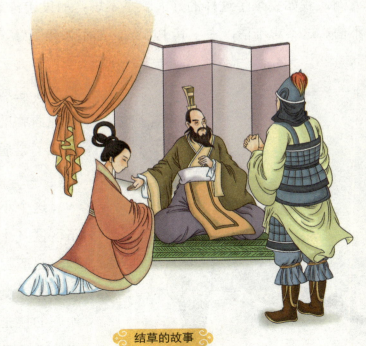

结草的故事

中华
文明故事

见了踪影。

这天夜里，魏颗梦见那位结草的老人对他说："我早已经不在人世了，你父亲那个小妾是我的女儿。你遵照你父亲清醒时的话，没让我女儿殉葬，我为这件事特地来报答你。"

这是个美丽的故事，这个小故事充分展示了左丘明善良、美好的内心世界。这个故事既赞颂了魏颗的善良，也写出了结草老人不忘报恩的美德。成语"结草衔环"中的"结草"就来自于《左传》中的这个小故事。

《 云梦泽虎乳婴儿 》

在《左传》中，比魏颗的故事更有趣的就要算云梦泽中"老虎喂婴儿"的故事了。这是人类文明史上最早的关于动物喂养婴儿的记载。世界史上关于狼孩、熊孩的记载并不少见，但都没有《左传》中写得这么详细、生动。

据《左传》记载，楚国的若敖从郧国娶了个妻子，生下了儿子斗伯比。若敖去世以后，斗伯比就跟随母亲在郧国生活。

斗伯比长大以后和郧子的女儿很要好，两人还生下了一个孩子。因为没有正式结婚，郧子的夫人觉得太丢人了，就派人把这个小孩扔到了云梦泽中。

郧子到云梦泽打猎，看到有一只老虎正在给一个小孩喂奶吃，就吓得跑回了家，把看到的事情告诉了夫人。

郧子的夫人就把女儿的事情告诉了郧子。于是，郧子就到云梦泽中抱回了这个老虎喂养的孩子。

因为楚国人把奶叫作"谷"，把老虎叫作"於菟"，于是，郧子就给这个孩子取了个名字叫斗谷於菟，并且把女儿嫁给了斗伯比。这个斗谷於菟就是后来的楚国令尹子文。

这是一个美丽、动人的小故事。左丘明在这里不仅歌颂了人世间的爱情和亲情，还记载下老虎喂养婴儿的动物传奇。这段优美的文字本身不就是一篇完美的短篇小说吗？

美丽的寓言故事

在先秦时期的文化百花园中，有一朵绚丽多彩的花，那就是先秦优美的寓言故事集——《庄子》。

庄子（前369年—前286年），姓庄名周，战国时期宋国人，是我国古代伟大的思想家、哲学家和寓言家。

庄子死后和老子一样被道家奉为祖师，因为他曾经梦见自己变成了一只美丽的蝴蝶，所以道教的信徒们都认为他是天上的神仙。

世界许多国家，都有优秀的寓言故事。其中以古希腊的《伊索寓言》最著名。但是，战国思想家庄子在《庄子》中讲述的寓言故事比《伊索寓言》中的故事还要深刻、优美得多。

快乐的小猪

庄子写了许多优美、深刻的寓言故事。由于大多数故事都表达了道家"出世"的思想，因此，后世信奉理学的伪君子们都攻击庄子的"出世"思想是对社会的不负责任。

其实，庄子对当时黑暗的社会现实极为反感，他宁愿忍受贫困和饥饿，也要保持自己的清白之身，终身拒绝与统治者同流合污。

据《史记》记载，楚威王听说庄子非常贤良有才能，就派人带着许多金银和绸缎聘请他，想让他担任楚国的相国。

庄子笑着对楚威王的使者说："千金之利够重的，卿相的地位也够高的。你们都看见过举行郊祭时宰杀的牛吧？好吃好喝喂养几年，然后作为祭祀用品穿上绣着花纹的衣服，被送入太庙中。

"当它被人们杀死的时候，它只想当一只小猪自由自在地活着，还能够吗？所以，你们赶快走开，不要弄脏了我。我宁愿当一只在污泥中自由玩耍的小猪，快快乐乐地活着，也不愿意受君王的管束。终身不当官，就是我快乐的志向。"

在《庄子》所写的寓言中，真有一则十分相似的小故事，只不过在这个小故事中，祭祀的牛变成了神龟，这就是"泥涂曳尾"的故事。

《 泥涂曳尾 》

《庄子·秋水》中有这样一则寓言：庄子在濮水岸边钓鱼，以维持生计。楚威王听说了，就派了两位大臣前去寻找。

这两位大臣在河边找到庄子，对他说："我们大王听说先生您很有才能，让我们请先生前往楚国主持和管理国家大事。"

庄子坐在岸边的草地上继续钓他的鱼，过了好半天才说："我听说你们楚国有只大神龟，已经死去三千多年了，人们把它巨大的龟板挂在大庙里供奉着。请问，有这样的事吗？"

两位大臣说："有这事啊。"

庄子又问他们："那么请问两位大人，这只大龟是宁愿死了留下几块骨板接受人们的

庄子钓鱼图

尊重呢？还是宁愿活着，拖着尾巴在泥里面爬呢？"

两位大臣异口同声地说："宁愿活着，拖着尾巴在泥里面爬。"庄子笑着对他们说："那你们赶快走吧，我可是要拖着尾巴在泥里面爬了！"这两位远道而来的楚国官员，只好离开了。

不与统治者同流合污，正是庄子高尚的思想境界。

《 鹓雏与鸱鹰 》

在《庄子·秋水》中还有这样一则寓言：惠施做了魏国的相国，他的朋友庄子前去拜访他。有人对惠施说："庄子这次来魏国，就是想谋夺你的相位。"惠施听了，十分恐慌，派兵在城中搜查了三天三夜。

庄子听了心中暗暗好笑，于是闯进宫中拜见惠施。庄子对惠施说："南方有一种鸟，名叫鹓雏，你听说过吗？鹓雏常常从南海出发，飞往遥远的北海。这种鸟高雅清洁，不是梧桐树决不歇脚，不是干净的竹实决不啄食，不是甘美的泉水决不饮用。

"有只鸱鹰弄到一只腐烂生蛆的老鼠，正藏在刺棵里狼吞虎咽。抬头看到天上飞过一群鹓雏，这只鸱鹰惊惶失措，大喝一声：'吓！谁敢来抢我的死老鼠！'现在，你也想拿魏国来吓我吗？"

盛唐时期，著名的诗人李商隐因为受当权者打击，曾经在诗中使用过庄子的这则寓言，并为我们留下了脍炙人口的千古名句："永忆江湖归白发，欲回天地入扁舟。不知腐鼠成滋味，猜意鹓雏竟未休。"

《 舐痔成癖 》

在《庄子·列御寇》中还有一则更有趣的寓言：宋国有一个叫曹商的人，被宋国的君主派去出使秦国。他出发的时候，只带了很少的几辆车子。到了秦国，他说得秦王很高兴，秦王就赏给了他百辆马车。

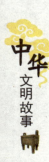

曹商回到宋国，见到了庄子，得意忘形地对庄子炫耀："如果说住在破巷子里，穷得织草鞋，饿得颈子细长，面黄肌瘦，我可比不上你；至于一旦见到大国君王，就能够得到百辆马车，这可是我的长处。"

庄子听了，嘲讽他说："我听人说秦王生了病，正在请人给他医治。谁能设法把他的痈疮弄破了，就可以得到一辆车子；谁要能舔他的痔疮，就可以得到五辆车子。治病治得越下流、越无耻，得到的车子就越多。不知道你是怎样给秦王治痔疮的，居然能搞到这么多辆车子！快走远点吧！"

在这篇寓言中，庄子辛辣地挖苦、讽刺了那些势利小人，讽刺了曹商这个拍马逢迎，同时又喜欢炫耀的无耻之徒。庄子这种发自内心的高尚纯洁的道德观念对后世的影响相当深远。

《 鹦雀笑鲲鹏 》

《庄子·逍遥游》里还有一则非常有教育意义的寓言。

古时候，有一次商汤向夏棘请教学问，夏棘讲述了鹦雀嘲笑鲲鹏的故事：在遥远的北方，有一片苍茫无际的北海，那就是天池。海里生长着一种大鱼，宽度有几千里，没有人知道它的长度，它的名字叫鲲。

鲲化而为鸟，名字叫鹏。鹏鸟奇大无比，脊背好像巍峨的泰山，双翅好像遮天的乌云。大鹏鸟乘着回旋的风力，舒展开双翼，直上九万里；然后背负着青天，翅绝云气，向南方飞去，直飞到南海。

有一只正在带刺的麻蓬草棵子里蹦蹦跳跳的小鹦雀，看到了这只掠天而飞的大鹏，就叽叽喳喳地嘲笑它说："瞧这个巨大的笨家伙，你要飞到哪儿去呢？我上下飞腾，也能飞几十丈高，在这些麻蓬草棵子里飞来飞去，不就是飞行的最高境界吗，你能飞到哪儿去呢？"

古人云："鹏飞万里，不堕青云之志。"就是这个道理。在现实社会中，那些嘲笑庄子的人，就如同树枝上的小鹦雀嘲笑展翅高飞的鲲鹏，他们永远也达不到庄子那样的思想高度。这则寓言充分展示了这位伟大的思想家飘逸潇洒、包容天地的宽广胸怀。

《 井底之蛙 》

《庄子·秋水》中有这样一个小故事：草丛中有一口淤塞废弃了的井，井里住着只小青蛙。有一天，它跳在井栏上歇凉，迎面爬来一只东海的大鳖。青蛙高兴地打招呼说："快过来，快来这里看看我美妙的天堂！"海鳖爬在井栏上，探出头，看见井里有一滩浅浅的、绿色的死水。

青蛙得意地对海鳖说："我的生活实在太快乐了！傍晚，我可以在井栏上乘凉；深夜，我钻进那个破坛子里睡觉；我还可以浮在水面上做个美梦，也可以在那滩淤泥上舒舒服服打个滚。"

"那些小蝌蚪、小螃蟹哪里比得上我快活！"青蛙唾沫四溅越说越

井底之蛙

高兴，"我自己独占这么一洼水，充分享受着这淤塞废井的快乐，已经达到了幸福的顶点，你不想进来观光一下吗？"

海鳖向井口爬过去，可是，左腿还没进去，右腿就被井栏卡住了。海鳖只好退了回来，对青蛙说起了自己居住的大海："大海水天茫茫，无边无涯。千里之远，不能形容大海的巨大；万仞高峰，不能表示大海的幽深。大禹当世的时候，十年九涝，海水没有增加一寸；商汤当世的时候，八年七旱，海水没有减少一分。我在大海里无羁无绊，自由自在地生活着。这就是住在大海里的快乐！"

废井里的小青蛙听了海鳖的话，茫然自失，鼓着眼睛，张大嘴巴，显出十分吃惊的样子。

这段井底之蛙和东海巨鳖的对话，充分展示了目光短浅的庸人与曾经沧海的伟人之间巨大的差异，深刻地反映了庸俗的文人与庄子——这位伟大哲学家之间的天渊之别。

庄子崇尚自然的自由主义思想，这在中华民族数千年的历史长河中所起的作用是不可低估的。

在中华大地上，每当这种思想抬头，人们就会获得一定程度的思想解放，科学与文明的步伐就会加快。魏晋南北朝时期，玄学思潮的崛起导致科学与文明的迅速发展就是一个最明显的例证。

古属国千古之谜
第一个科学巅峰
古代大百科全书
杰出的军事战略
无匹的……是
神秘的青石文化
精美的青铜宝器
雄伟的水利工程

优美的远古长歌

　　世界上许多民族都有自己的史诗，古希腊的历史就是从荷马的史诗《伊利亚特》和《奥德赛》开始的。中国蒙古族的史诗《江格尔传》在马头琴声的伴奏下至今仍然在辽阔的大草原上流传；藏族的史诗《格萨尔王传》直到今天同样仍然回荡在雄伟的雪域高原。

　　然而，有人却错误地认为中国汉民族没有自己的史诗。其实，从西周流传至今的古代诗歌总集——《诗经》中的《雅》就是一部完整的史诗，可以和世界上任何一个民族的史诗相媲美。

远古长歌——《风》《雅》《颂》

《诗经》收录了305首诗歌，清晰地描绘了从西周崛起直到春秋中叶，五百多年间整个中华民族的生活场景，能把我们带回到那遥远、神奇的历史年代。

《诗经》由《风》《雅》《颂》三部分组成，是我国五千年文明史上最早出现的诗歌总集，到现在已经有近3000年的悠久历史了。

由于年代太久远，《诗经》的作者已经无法查考了。

有人认为《诗经》是当时各国的史官写的，但这种说法解释不了《诗经》中为什么会有那么多美丽的爱情诗篇，更解释不了《诗经》中为什么会有那么多对封建领主的辛辣讥讽。

流传最广的是"采诗"的说法。在先秦时期的古籍《国语》中，确实记载着周朝的史官到民间"采诗"的事情。

《诗经》中有对封建领主的美化，可更多的是民间歌曲，歌唱劳动人民春种秋收的生活场景，歌唱青年男女美丽的爱情生活，并辛辣地讥讽那些贪婪、奢侈的封建领主。因此，"采诗"的说法可能是真的，《诗经》是各阶层民众的集体创作。

《 西周的壮丽史诗 》

《诗经·大雅》是一部长长的历史画卷，这部史诗以生动、质朴的语言为我们再现了周部落从崛起到东迁五百年间的历史过程，再现了推翻殷商奴隶制以后，周朝初年领主制封建社会的真实场景。

《诗经·大雅·生民》首先唱出了后稷神奇的出生：后稷的母亲姜嫄踏了天帝的足迹，怀胎生下了他。诗歌中说：姜嫄因为未婚生子，非常忧患，就想把这个孩子抛弃了。

姜嫄把后稷抛弃在狭窄的小巷，牛羊不践踏他，并给他喂奶；想把后稷抛弃在树林里，却碰上人们来伐树；最后，只好把他抛弃在寒冷的冰上，可奇迹又发生了，飞来许多鸟儿用翅膀护卫着他。于是，姜嫄就把他抱回去养大了。

原文：	译文：
以赫厥灵，	显出这样的灵异啊，
上帝不宁？	是上帝不安在作怪？
不康禋祀？	对我的祭祀不开怀？
居然生子。	这样让我生出个孩子。
诞寘之隘巷，	呀，把他放在小狭巷，
牛羊腓字之。	庇乳他的有牛羊。
诞寘之平林，	呀，把他放在树林里，
会伐平林。	恰巧人们在伐树。
诞寘之寒冰，	呀，把他放在寒冰上，
鸟覆翼之。	鸟儿用翅膀覆抱他。

这个孩子长大以后特别喜欢种庄稼，他会观察和选择好的土地，他还知道怎样拔除杂草，他种出来的庄稼长得最茂盛。他就是周人的祖先后稷。

《诗经·大雅·大明》中，还歌颂了武王兴兵伐纣，推翻殷商残暴奴隶制统治的正义战争。诗歌描述了周武王在牧野誓师的场景，描述了威武雄壮的军队在姜尚父的统帅下，驾着浩浩荡荡的战车，向殷商的军队发起进攻的场景。

原文：	译文：
牧野洋洋，	牧野战地宽又广，

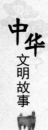

檀车煌煌，　　　檀木兵车多堂皇，
驷骥彭彭。　　　四匹花马多强壮。
维师尚父，　　　啊，这个太师姜尚父，
时维鹰扬。　　　就像苍鹰在飞扬。
凉彼武王，　　　扶助那个周武王，
肆伐大商，　　　率领大军伐大商，
会朝清明。　　　直到天下都清明。

武王伐纣

　　这是正义之师，这次战役结束了商王朝的奴隶制度，建立了世界上第一个领主制封建国家——西周王朝。

《 昔日周原风光 》

《诗经》中的《国风》描述了西周时期各国的国情和民风，所以被称为《国风》。《国风》以诗歌的形式生动地再现了广大劳动人民生活、劳动的场景。

在《诗经·小雅·大田》中，我们可以看到周原上曾经有过的美好时光。

原文：	译文：
有渰萋萋，	天上有浓云，
兴雨祈祈。	雨水淅沥沥。
雨我公田，	滋润我们的公田，
遂及我私。	惠及我们的私地。
彼有不获稚，	那儿有晚熟的庄稼还没收，
此有不敛穧，	这儿有没捆的庄稼在田头，
彼有遗秉，	那儿丢下一把庄稼不收，
此有滞穗，	这儿丢下一些穗子不拿，
伊寡妇之利。	这是为了寡妇们有收获。

从诗歌中可以感觉到，人们在收获的季节里互相帮助、扶贫救困的良好风尚。西周实行的是井田制，中间是公田，四周是各家的私田。寡妇们由于失去丈夫，丧失了得到土地的资格，生活非常困苦。于是，人们在公田上收割时，就故意在这边丢下几个麦捆不收，在那边遗留一些谷穗不拿，以帮助这些贫困的孤寡人家维持最低的生活水平。这正是周原上具有原始共产主义性质的生活习俗。

《 血和泪的控诉 》

到了春秋时期，封建领主们已经忘记了商朝灭亡的教训。《诗经》

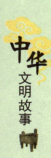

中的《国风》有力地控诉了封建领主对人民的残酷剥削和血腥杀戮。

前面我们讲过,秦穆公死时,曾让177人为他殉葬。三个贤臣子车氏的奄息、仲行、针虎也被迫给秦穆公殉葬了。在《诗经·秦风·黄鸟》中,秦人对这种用活人殉葬的残忍行为进行了血和泪的控诉。

原文:	译文:
交交黄鸟,止于棘。	黄雀鸣叫啾啾,落在酸枣树上。
谁从穆公?子车奄息。	谁陪穆公殉葬?子车家的奄息。
……	……
交交黄鸟,止于桑。	黄雀鸣叫叽叽,落在桑树枝上。
谁从穆公?子车仲行。	谁陪穆公殉葬?子车家的仲行。
……	……
交交黄鸟,止于楚。	黄雀鸣叫喳喳,落在杜荆树上。
谁从穆公?子车针虎。	谁陪穆公殉葬?子车家的针虎。
……	……
彼苍者天,歼我良人!	苍天啊,我的苍天!好人为何死去?
如可赎兮,人百其身!	如果能赎回他的命,宁愿以百换一!

春秋战国时期,由于用俑人殉葬都遭到了孔子的痛斥,所以很少有哪个国君敢用活人殉葬。秦穆公用活人殉葬不得人心。秦朝统一六国后很快就灭亡,恐怕也与用活人殉葬有关吧!

《 美丽的爱情诗篇 》

《国风》还以优美的韵律歌颂了那个时代青年男女之间美丽、动人的爱情。有的反映了青年男女对爱情的渴望,有的唱出了姑娘出嫁时的幸福心情,有的则描绘了青年男女幽会的场景。

《关雎》是《诗经》中歌颂爱情的代表作,写的是青年男子对心爱女子的渴望，盼望着早日与她结成终身伴侣。

原文：	译文：
关关雎鸠，	雎鸠亲亲地对唱，
在河之洲。	在那河中小洲上。
窈窕淑女，	美丽善良的姑娘，
君子好逑。	是君子的好配偶。
参差荇菜，	长长短短的荇菜，
左右流之。	这边那边来流过。
窈窕淑女，	美丽善良的姑娘，
寤寐求之。	睡梦里都追求她。
……	
参差荇菜，	长长短短的荇菜，
左右芼之。	这边那边来捞它。
窈窕淑女，	美丽善良的姑娘，
钟鼓乐之。	敲着钟鼓来欢迎她。

《桃夭》是一首祝福年轻姑娘即将走入婚姻殿堂的诗，诗中把出嫁的姑娘比作美丽的桃花，并祝福她家庭和美、多子多福。

原文：	译文：
桃之夭夭，	桃树长得真姣好，
灼灼其华。	红红的花儿多光耀。
之子于归，	姑娘就要出嫁了，
宜其室家。	家庭的生活定美好。
……	
桃之夭夭，	桃树长得真姣好，
其叶蓁蓁。	绿绿的叶儿多秀茂。

之子于归，　　　　姑娘就要出嫁了，

宜其家人。　　　　家人的生活定美好。

《诗经》中的《关雎》和《桃夭》显示出来的清丽、淡雅，充分表明了那个时代青年男女之间纯真美丽的爱情，还没有受到后世理学家们造作、虚伪的精神玷污，也没有受到世俗的金钱和地位的物质摧残。

荆楚绝唱话楚辞

《楚辞》在中国文学史上的地位非常重要。中国历代诗人都深受屈原的影响。诗仙李白曾经满怀景仰之情在《江上吟》中写下了不朽的名句："屈平词赋悬日月，楚王台榭空山丘。"

《楚辞》是在《诗经》之后出现的最重要的诗歌，由于《楚辞》的文学性、艺术性已经远在《诗经》之上，因此，也有人认为《楚辞》是先秦诗歌发展的最高峰。

《楚辞》的代表人物是屈原。屈原（前340年—前278年），姓屈名平，字原，是战国时期楚国的王室贵族、政治家和诗人。

据司马迁记载，屈原最初深受楚怀王信任，担任楚国的左徒。后来因遭人陷害，被逐出郢都，流放到汨罗江畔。

那么，屈原所作的《楚辞》中究竟写了些什么内容，让后世的诗人有如此崇敬之情呢？

屈原以《离骚》享誉后世，而《九歌》中的浪漫主义情怀，《天问》中的自然科学畅想也同样都是《楚辞》中的精华。

《 凄美浪漫的《九歌》》

在《楚辞》之中，《九歌》飘逸潇洒，别具特色，充分表达了这位伟大诗人的浪漫主义情怀。《九歌》分为许多篇章，有雄伟悲壮的战斗诗篇，有凄美缠绵的抒情歌曲，还有对自然之神的浪漫赞颂。

《九歌》中的《湘君》和《湘夫人》写的就是传说中舜帝与娥皇、女英之间缠绵凄美的爱情故事。

传说舜帝南巡时，他的两个妻子娥皇和女英没有同行，后来她们姐妹双双南来，追赶舜帝。走到洞庭湖滨得知舜帝已死，就双双投入湘江自杀了。

屈原

由于这个传说的背景是楚国美丽的洞庭湖、湘水和九嶷（yí）山，因此当地人们就把传说中的人物同美丽的山川联系到了一起。《九歌》中的湘君和湘夫人就是舜帝和他的妻子。

《湘君》是女巫扮作湘夫人时所唱的歌，屈原在诗中以优美、凄婉的笔调描述了湘夫人对湘君满怀深情的寻找和思念。

原文：

君不行兮夷犹，
蹇谁留兮中洲？
美要眇兮宜修，
沛吾乘兮桂舟。
令沅湘兮无波，
使江水兮安流。

译文：

湘君犹豫啊还不动身，
是为了谁而留在中洲？
我美丽呀又修饰得体，
乘着桂木香舟来赴约。
让沅水和湘水呀无波，
让长江水呀流淌平稳。

中华
文明
故事

望夫君兮未来，　　盼望我的夫君啊还没有来，

吹参差兮谁思？　　吹着那排箫啊我在思念谁？

接着，诗人描述了湘夫人在约会的地方没有等到湘君，又乘着桂木香舟沿湘水北上继续寻找；但是，她一直走到洞庭湖仍然没有遇到湘君，只好横渡洞庭湖，进入了长江。由于没有见到湘君，湘夫人内心无限悲伤。

原文：　　　　　　译文：

驾飞龙兮北征，　　驾着龙形的桂舟北上，

遭吾道兮洞庭。　　横越洞庭呀转道长江。

……

横流涕兮潺湲，　　涕泪横流像流水不断，

隐思君兮陫侧。　　思念湘君呀多么伤心。

最后，诗人描写了湘夫人越过洞庭，仍然没能找到湘君的痛苦、失望之情；描写湘夫人失望地丢弃了身上的玉玦和佩饰，在洞庭北岸的沙洲上徘徊、漫游的情形。

原文：　　　　　　译文：

鸟次兮屋上，　　　鸟儿栖息在屋顶，

水周兮堂下。　　　流水环绕在堂前。

捐余玦兮江中，　　把我的玉玦抛入江中，

遗余佩兮醴浦。　　把我的佩饰丢入澧水。

……

时不可兮再得，　　再也没有机会相见，

聊逍遥兮容与。　　只好在沙洲上漫游。

《湘夫人》是《湘君》的姊妹篇，是男巫扮作湘君所唱的歌。屈原在诗中同样以忧伤、悲愁的笔调描述了湘君对湘夫人的深切思念与漫长

等待。

　　诗人首先描述了湘君在洞庭北岸寻找湘夫人的情形和对湘夫人的无限思念，然后描述了湘君在幻觉中湘夫人到来的场景和与湘夫人相会后的幸福情景。

　　最后，诗人描述了湘君因为没有等到湘夫人，失望地丢弃了身上的玉玦和单衣，在洞庭的汀州上徘徊。

　　屈原的《湘夫人》和《湘君》，构成了一个完整、凄美、动人的爱情悲剧。最终，湘君与湘夫人错过了相会的时机，永远沉浸在深切的思念与无限的企盼之中。

《《天问》的科学探索 》

《楚辞》中最具特色的是《天问》。屈原在《天问》中提出了170多个问题，涉及广泛的自然科学领域，充分反映了战国时期唯物主义的思想萌芽。

很多人断言中国古代没有自然科学，甚至李约瑟也认为中华古文明只是在公元3世纪到公元13世纪之间保持一个西方所望尘莫及的科学知识水平。《天问》涉及的许多问题，充分表明了春秋战国时期中国的科学技术水平与古希腊至少是并驾齐驱的。

屈原在《天问》的开头连续提问，提出了关于宇宙起源的六个重要核心问题。这六个问题不仅在当时意义深远，即使在今天也同样有着重要的科学价值。因为关于宇宙的起源，人类直到20世纪才提出"宇宙大爆炸理论"的假说，而且至今还没有定论。

原文：	译文：
遂古之初，	远古开天辟地的情形，
谁传道之？	是谁人传下来的？
上下未形，	天地还没形成的时候，
何由考之？	用什么方法考证？
冥昭瞢暗，	宇宙一片混沌的时候，
谁能极之？	谁才能看得透彻？
冯翼惟象，	那被元气充塞的宇宙，
何以识之？	人怎么才能识别？
明明暗暗，	宇宙明明暗暗的变化，
惟时何为？	是因为什么原因？
阴阳三合，	阴阳和自然相互融合，
何本何化？	究竟谁是世界的本原？

在《天问》中，诗人对天文地理都表现出了极大的兴趣。在屈原提出的这些问题中，只有很少的内容涉及神话传说，大部分都是对当时观测到的天文现象和当时流行的天文学理论提出的疑问。

原文：	译文：
天何所沓？	天在哪里与地相接？
十二焉分？	十二时辰如何划分？
日月安属？	太阳月亮如何安置？
列星安陈？	众多星辰如何陈列？
出自汤谷，	早上，太阳从汤谷升起，
次于蒙汜。	晚间，太阳止息于蒙汜。
自明及晦，	从天亮到天黑，
所行几里？	太阳走多少里？
夜光何德，	月亮有什么高尚的德行，
死则又育？	能逐渐死去又逐渐复生？
厥利维何，	月亮贪图什么好处，
而顾菟在腹？	把小兔子养在腹中？

在《天问》的后半部，屈原提出了许多具有重要科学价值的问题。这些问题涉及地理、山川、河流和大海等许多领域，直到今天仍然让人感到惊叹。

比如，九州是如何划分的？河流是怎么形成的？江河的水流入大海为什么不会注满？不会溢出来？

原文：	译文：
九州安错？	九州是如何划分的？
川谷何洿？	河流水道是怎么形成的？
东流不溢，	河水东流入海不满不溢，

孰知其故？　　　谁知道是什么缘故？

《《离骚》的忧患意识 》

如果说，屈原的《九歌》是《楚辞》中浪漫主义的精华，《天问》是《楚辞》中自然哲学的顶点，那么《离骚》则是《楚辞》中展现热爱祖国、热爱人民的忧患意识的不朽篇章。

在《离骚》的开头，屈原首先表明了他是远古帝王颛顼的后裔，是楚国王室的王亲贵族，既有美好的品德，又有优秀的才能。

此时的楚国，已绝交于齐，兵败于秦；在山河破碎、国都失陷的危急情况下，诗人仍然幻想着楚国能抛弃原来的错误，听从自己提出的建议，重新联齐抗秦，让楚国走上强国之路。

但是，楚怀王死后，楚顷襄王即位，令尹子兰、美人郑袖和上官大夫把持了楚国的军政大权，屈原再次被流放。诗人深深地担忧着祖国的前途和命运，面对无耻之徒祸国殃民的卑劣行径，诗人表达了自己宁愿赴清流而死，也决不与这帮无耻之徒同流合污的决心。

原文：

长太息以掩涕兮，
哀民生之多艰。
余虽好修姱以鞿羁兮，
謇朝谇而夕替。
……
忳郁邑余侘傺兮，
吾独穷困乎此时也。
宁溘死以流亡兮，
余不忍为此态也。

译文：

发出长叹啊擦去涕泪，
百姓生活啊多么艰难。
我只爱好优美的品德，
早上遭人骂晚上丢官。

忧愁郁闷啊怅然而立，
我此时孤独呀又穷困。
我宁愿逐清流而死呀，
也不与他们同流合污。

在春秋战国时期，许多有才能的人在本国得不到重用时会选择离开家园。孙武、吴起、商鞅、张仪、百里奚都是在别国大显身手、名垂青史的。

屈原出于对祖国和人民的无限热爱，始终没有出走，而是毅然选择了以死殉国。

《离骚》可能不是屈原的绝笔，可已经显露出了他赴死的决心。

原文：

奏《九歌》而舞韶兮，
聊假日以媮乐。
陟升皇之赫戏兮，
忽临睨夫旧乡。
仆夫悲余马怀兮，
蜷局顾而不行。

乱曰：已矣哉！
国无人莫我知兮，
又何怀乎故都？
既莫足与为美政兮，
吾将从彭咸之所居。

译文：

演奏《九歌》又跳起韶舞，
且借这点时光来娱乐。
上升到空中的光明里，
忽然看到了我的故乡。
仆人悲伤啊马儿留恋，
弓起身子啊不再前行。

结语：算了罢！
楚国啊没有我的知音，
我又何必怀恋这故都？
既然不能实现美好的抱负，
我将追随着彭咸投入清波。

在《离骚》的结尾，诗人已经表露了他面对祖国山河残破、百姓流离失所的悲惨现实，准备投水自杀的决心。

《 投汨罗以身殉国 》

由于屈原再次被流放，齐、楚同盟再次破裂。秦国趁机攻打楚国，大片的国土被秦军占领，无辜的百姓惨遭蹂躏，最后，连楚国的京城郢都也被秦将白起攻破，楚顷襄王只好出逃。流放中的屈原在万分的悲愤与忧虑中，写出了那首著名的长诗《离骚》。

公元前277年，秦兵攻陷了楚国的巫郡。在眼看就要做敌国俘虏的情况下，屈原只好再次向东、向北经沅水，进入洞庭、湘水一带，最后走到长沙东北的汨罗江。

诗人眼见山河破碎、百姓遭难，自己再也无力回天了，就带着满腔的悲愤投入汨罗江自杀了。也许，这悲壮的行为本身就是一首影响深远的诗篇。

民间传说，屈原农历五月初五投汨罗江而死。楚国百姓非常悲痛，每年的这一天用竹筒盛上米，投入江中祭奠他。因为汨罗江中有蛟龙，于是人们就用苇叶代替了竹筒，并用五彩丝线缚好，用以惊吓蛟龙。从那以后，就有了端午节吃粽子的习俗。

民间还传说，屈原投汨罗江而死，人们怕江中的蛟龙偷吃屈原的遗体，纷纷划着龙舟、敲着大鼓到江中驱赶蛟龙。这就是五月端午赛龙舟的由来。中国人每年端午节吃粽子、赛龙舟的风俗就是从楚人纪念屈原演变而来的。

古蜀国千古之谜
第一个科学巅峰
古代大百科
杰出的军事
天涯的思
神秘的玉石文化
精美的青铜宝器
雄伟的水利工程

杰出的军事战略

在春秋战国这个"百花齐放、百家争鸣"的历史时期，由于诸侯国之间战争频繁，发生了很多著名的经典战役，产生了世界上最早的军事科学著作，同时也诞生了当时世界上最伟大的军事家——孙武、孙膑和吴起。

春秋时期，吴国的大军事家孙武撰写了历史上最早、最著名的军事著作——《孙子兵法》（也称《孙子十三篇》），这部兵法奠定了中国古代军事科学在世界军事史上的重要地位。

孙武和《孙子兵法》

《孙子兵法》也叫《孙子十三篇》，这部兵书不仅是中国古代最伟大的军事著作，也是世界上最伟大的军事著作。这部兵法奠定了中国古代军事科学在世界军事史上的重要地位。

孙武，也称孙子或孙武子，是先秦时期最伟大的军事家。因为他用兵如神，百战百胜，所以被后人尊称为"兵圣"。

公元前545年，孙武出生于齐国的一个贵族家庭。优越的学习环境使孙武在年轻时就阅读了大量的古代军事典籍，并逐渐建立起了自己杰出的军事思想。

隐居山林

那时候的齐国内部矛盾重重，外部危机四伏，孙武完全处于"英雄无用武之地"的困境。他看到江南的吴国十分强盛，就离开家乡隐居到了姑苏城西的穹窿山上，就是今天的苏州。

穹窿山距姑苏城约20千米，是太湖东岸的第一座高山，素有"吴中第一峰"之称。驻足山中，泉水叮咚、绿树成荫、翠竹茂密、鸟语花香。登高远眺，太湖之上烟波浩渺、渔帆点点，景色宜人。

孙武就在这优美的穹窿山中耕种田园、撰写兵书、结交好友，并悉心观察吴国的政治动向，准备寻找机会施展自己的军事才能。

公元前513年，孙武结识了从楚国逃到吴国的大将伍子胥，两人很快就成了密友。由于伍子胥的推荐，孙武来到吴王阖闾的宫中。

训练女兵

吴王阖闾想见识一下孙武的才能，就问他能不能训练女兵，孙武说："可以呀。"于是，吴王便拨了一百名宫女给他。

孙武把宫女编成两队，让吴王最宠爱的两个妃子当了队长，开始训练这些宫女。

孙武第一次发令，宫女们觉得好玩，一个个都笑了起来。孙武认为宫女们可能没听清楚，责任应该在自己。于是，又第二次发出命令，宫女们还是嬉笑。

孙武大声说道："有令不行，是队长的责任！"立即下令把两名队长拖下去斩首。吴王听说要斩他的爱妃，急忙求情。但是，孙武说："将军在军中，不能听从君王的命令。"（原话是：将在军中，君命有所不受。）仍然下令把两个队长杀了，宫女们的脸都吓白了。孙武第三次发令时，宫女们的军事动作立刻就做得非常整齐了。

孙武对吴王说："请大王前去检阅，女兵已训练成功，可以为您赴汤蹈火了。"吴王失去爱妃，非常伤心，回答说："我已经知道您带兵的本领，不用去看了。"从那以后，吴王阖闾就让孙武当了吴国的军事统帅。

〖 重返山林 〗

公元前506年，在孙武的亲自策划和指挥下，吴军以3万精兵打败了楚国20万大军，并攻入楚国的郢都，迫使楚昭王带着妹妹仓皇逃走。孙武的好朋友伍子胥也"开棺鞭尸"，向楚平王报了父兄的大仇。吴王阖闾死后，他的儿子夫差当了国王。随着吴国霸业蒸蒸日上，夫差开始自以为是，竟听信谗言，逼死了忠心耿耿的伍子胥。

好朋友的死，让孙武非常伤心。他深知"飞鸟尽，良弓藏；狡兔死，走狗烹；敌国破，谋臣亡"的道理。于是，孙武悄然归隐，重返山林，继续撰写他的军事著作。

经过长期的理论研究，再加上实际的作战经验，孙武最终完成了中国历史上最伟大的军事著作——《孙子兵法》。

《《孙子兵法》的影响》

《孙子兵法》也叫《孙子十三篇》，这部兵书不仅是中国古代最伟大的军事著作，同时也是世界上最伟大的军事著作。

据说，法国皇帝拿破仑战败后，被流放到了厄尔巴岛。在岛上的图书馆里，他看到了法文版的《孙子兵法》。读完后，他只说了一句话："如果我早一点读到这本书，我就不会被打败了，今天也就不会在这里。"

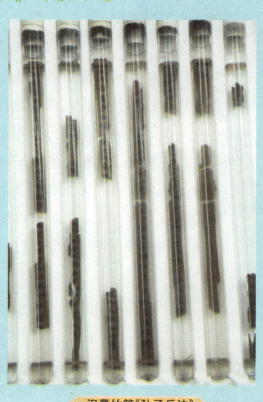

汉墓竹简《孙子兵法》

有的读者朋友们可能会问：这部名扬中外的《孙子兵法》究竟写了些什么呢？真的那么神奇吗？答案是肯定的。在古战场上，每个著名的军事战例，凡胜利者，都与《孙子兵法》中的用兵之道暗合；而失败者也都与《孙子兵法》中的用兵之道相悖，几乎无一例外。

兵贵神速

《孙子兵法》中最重要的战略思想就是"不战而屈人之兵"。所谓不战而屈人之兵，就是不动用武力，就迫使敌人屈服。

孙子在这部兵书中说，百战百胜，并不是最好的。只有不通过战争，就迫使敌人屈服，才是最高明的。所以，最好的策略是以计谋取胜，其次是利用外交取胜，再其次才是战争取胜，攻打对方的城池是迫不得已才使用的下策。

《孙子兵法》强调"兵贵神速"。所谓"兵贵神速"就是在战争中，部队的运动速度不仅要奇，而且要快。

孙子认为：用兵之道，首先是行军速度快，要"疾如风"，要趁敌人来不及反应，迅速出击。另外行军路线一定要奇，走敌人意想不到的行军路线，才能攻打敌人没有防备的薄弱环节。

在公元前506年，吴国攻打楚国的战争中，孙武就是以"兵贵神速"和"攻其不备"取得重大胜利的。

吴王阖闾和伍子胥早就想攻打楚国，碰巧这一年楚国发兵攻打吴

孙子著书

国的属国蔡国，让伍子胥找到了报父仇的机会。吴国出动3万精兵，由吴王阖闾、伍子胥亲自率领，以孙武为军师，乘船溯淮河而上，援救蔡国。

楚军见吴军来势凶猛，就放弃了对蔡国的围攻，调集精锐部队沿汉水建立起防线，准备迎击吴军的进攻。

在这种情况下，孙武立即改变了原定溯淮河而上的进军路线，命令部队放弃战船，从陆路直插楚国纵深。

伍子胥非常不理解，就问孙武："我军熟悉水性，善于水战，为什么要改从陆路进军呢？"

孙武说："两军交战，兵贵神速。走敌人料想不到的行军路线，攻打敌人没有戒备的薄弱之处，才能取得胜利。如果我军沿淮河逆水行舟，进军迟缓，楚军肯定在汉水一线布重兵防备，那就很难取胜了。"孙武的话说得伍子胥心服口服。

就这样，孙武甩开了楚国在汉水一线布置的主力部队，从陆路出奇兵攻下楚国没有布防的战略重镇，最后以3万精兵打败了楚国的20万大军，创造了以少胜多的光辉战绩。

秦赵"长平之战"

《孙子兵法》中"知己知彼，百战不殆"的战略思想，至今仍然是所有军事战略家必须遵循的重要原则。谁违反了这个原则，谁就会在战场上惨败。

孙子认为两军交战只有深知自己，也深知对方，才能百战百胜。只了解自己，不了解对方，只能胜负各半。如果既不了解自己，又不了解对方，那么每战必败。

公元前261年，秦军攻克沁阳，把韩国拦腰截成了两段，使得韩国的上党郡（今山西长治市）和本土完全失去了联系。韩国决定把上党郡献给秦国求和，可韩国的上党太守冯亭和上党的老百姓都很不愿意归入秦国，因为上党靠近赵国，冯亭就把上党献给了赵国。

赵王接受平原君赵胜的建议，将上党郡并入了自己的版图。

秦国截断上党与韩国本土的联系，目的就是要夺取上党郡。现在上党郡成了赵国的地盘，秦国非常愤怒，"长平之战"自此拉开了序幕。

秦国派左庶长王龁率军攻打上党郡的门户——长平。赵国老将廉颇深知秦军远道而来，利在急战，于是在长平深沟坚守不出，想等待秦军疲困之际发起反击。

廉颇在长平坚守3年，秦军远离本土，补给困难，已经陷入了进退两难的境地。

秦国为了摆脱困境，就派人到赵国散布谣言：说廉颇没什么可怕的，赵军很快就要投降了；秦军就怕马服子赵括。

赵孝成王本来对廉颇拒不出战已经十分不满，于是就改派赵括接替廉颇统帅赵军。

赵括是马服君赵奢的儿子，所以人们称他马服子。马服君赵奢是赵国一代名将，多次挫

纸上谈兵

败过秦军。赵括从小出身将门,读过许多兵书。赵奢与儿子谈论兵书战策,始终都难不倒他。

赵奢觉得儿子把打仗看得如同儿戏一般,根本不知道其中的凶险。因此,临终前嘱咐赵老夫人:永远不要让赵括带兵打仗,否则必然丧师辱国,还得搭上自己的小命。

这次,赵孝成王任命赵括为大将,他母亲坚决反对。但是,赵孝成王根本不听,赵老夫人只好提出了一个条件:如果赵括兵败,不得牵连她。

《 兵败长平 》

赵括接替廉颇后,立即改变了廉颇原定的"防守反击"战略,积极筹划战略进攻,准备一举击败强大的秦军。

秦国得知赵国已经中计,立刻调整了军事部署:派骁勇善战的武安君白起为大将。为了不引起赵军注意,秦王下令军中严守机密,"有敢泄露武安君为将者斩"。

白起是战国时期杰出的军事将领,是让赵军闻风丧胆的对手。白起统兵后针对赵括年轻好胜、鲁莽轻敌的弱点,制定了先"诱敌深入、分割包围",然后再予以全歼的作战计划。

最终,赵军主力陷入重围,走投无路的赵括在绝望中决定孤注一掷:自己亲率精锐突围,结果遭到惨败。赵括本人被乱箭射死,40余万赵军全部被白起活埋了。

《 违背兵法 》

在这次战争中,赵国一方违背兵法,犯了三大错误:

第一,《孙子兵法》云:"将能,而君不御者胜。"也就是说,大将廉颇很会用兵，如果国君——赵王不干涉廉颇用兵的方法，秦军很难得逞。

第二，《孙子兵法》云："知可战与不可战者胜。"赵括并不知道这场进攻战能打不能打，所以必败。

第三，《孙子兵法》云："知己知彼，百战不殆。"赵括连秦军统兵大将已换成了武安君白起都不知道，所以必败。

兵不厌诈

《孙子兵法》提出了许多重要的战术措施，这些战术即使在今天的现代化战争中同样具有重要意义。孙子认为，统兵作战靠的是诡道。什么是诡道呢？诡道就是"兵不厌诈"。

晋楚"城濮之战"中的晋文公重耳就是对楚军施以诡道，晋军很强，却向敌方显示软弱，故意激怒对方，从而取得了战争的胜利。

《 诱敌深入 》

公元前634年冬天，楚成王派令尹子玉、司马子西率楚、陈、蔡、郑、午五国军队伐宋，宋国只好向晋国求救。

晋文公重耳采纳大将先轸的建议，亲自率兵救宋。于是，拉开了"城濮之战"的序幕。

双方军队还没碰面，晋文公就下令往后撤。这样一来，晋军的将士们可全都被激怒了，纷纷对晋文公说："我们的统帅是国君，楚国带兵的是臣子，哪有国君在臣子面前退让的道理？"

晋文公为什么要后撤呢？有两个原因：第一，晋文公想避开楚军的锋芒，占据有利地形；第二，晋文公想报恩。

原来，晋文公重耳颠沛流离时，曾到过楚国，受到过楚成王的盛情款待。

酒席宴上，楚成王问重耳："如果公子将来回到晋国，当上国君，用什么报答楚国呢？"

重耳回答道："楚国什么都不缺，我如果回到晋国当上国君，将来有一天和楚国打仗的时候，我一定退避三舍（春秋时三十里为一舍）。"

这次，晋文公果然实践诺言，面对楚军的进攻，晋军一口气后撤了九十里，退到了城濮，才停下来。这就是汉语中成语"退避三舍"的来由。

楚国的将军们见晋军后撤，都想停止进攻。可是令尹子玉却不答应，率大军追到城濮，准备跟晋军决战。

《 城濮激战 》

楚、晋两支大军在城濮摆开战阵。楚国令尹子玉认为此战必胜，所以傲慢地对部下说："从此以后就没有晋国了。"

战斗一开始，晋国下军首先冲击楚国右军，楚右军溃败。子玉怒火中烧，立即加紧攻击晋国的中军和上军。晋军故意用战车拖着树枝向后败退，显出十分慌乱的样子，引诱楚军。

子玉本来就没把晋军放在眼里，看见晋军败退，立即率领楚军杀入阵中。

这样一来，正中了晋军的埋伏。先轸率领晋国中军的精锐部队猛冲过来，把楚军的主力拦腰斩为两段。佯装后退的晋军也返身杀回，把楚军杀了个落花流水。

楚国三军大败，晋文公立即下令：只要把楚军赶跑就可以了，不要再继续追杀。令尹子玉这才得以收集残兵败将返回楚国，走到半路上，又觉得没法向楚成王交代，就拔剑自杀了。

孙庞斗智

据历史记载，《孙膑兵法》早在盛唐以前就已经失传。直到1972年，考古学家们在山东临沂银雀山一号汉墓中出土了竹简本的《孙膑兵法》，才使这部失传已久的古代兵书得以重见天日。

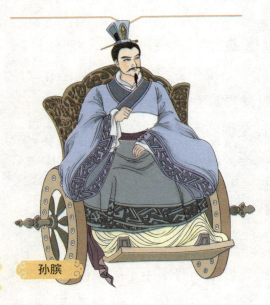

孙膑

孙膑，战国时期齐国人，是"兵圣"孙武的后代。孙膑也和先祖孙武一样，是一位著名的军事家。孙膑也著有一部兵书——后世称为《孙膑兵法》。

孙膑年轻时和魏人庞涓一起拜鬼谷子王禅为师，学习兵法。庞涓下山比较早，很快就当上了魏国的将军。

孙膑下山比较晚。庞涓自知才能不如孙膑，就把他骗到魏国，在魏惠文王面前诬陷他，削去了他的膝盖骨，还在他脸上刺了字，想叫他永远不能带兵。后来，孙膑装疯，被人救到齐国。不久，就发生了著名的"围魏救赵"之战。

《围魏救赵》

"围魏救赵"是《三十六计》中的第二计，是中国军事史上的一个重要战例。在幕后指挥这次战役的就是齐国的军师孙膑，运用的策略就是《孙子兵法》中的"避实击虚"。

公元前353年，魏国攻打赵国。精通兵法的魏国大将军庞涓率军队一直打到赵国邯郸城下。赵国面临亡国的危险，只得向齐国求救。

齐威王深知孙膑善于用兵，就把他请到宫中，准备拜他为大将率军救赵。孙膑辞谢说："我受过膑刑，是一个身体残缺不全的人，担任主帅让人笑话。"齐威王就改派田忌为将，让孙膑作军师，率军救赵。

齐国的大军开到国境线上，田忌就准备挥师前往赵国。孙膑劝阻说："现在魏国主力正在猛攻赵都邯郸，国内一定空虚。我们现在出兵直捣魏都大梁，魏军主力必然会从赵国撤兵回救。我们只需在要道设伏，就可以以逸待劳，既解了邯郸之围，又能狠狠打击魏军，不比赶到邯郸去厮杀好得多吗？"

田忌采纳了孙膑的"围魏救赵"之计，率齐军直扑大梁。魏军主帅庞涓得到消息，只得丢下邯郸，回师解救大梁之围。

当魏军赶到桂陵时（今河南长垣县西北），遇到了田忌、孙膑设下的伏兵。已经疲惫不堪的魏军，一交手就被打得溃不成军。

这一仗，庞涓损失了两万人马，自己也险些当了齐军的俘虏。这就是历史上著名的"桂陵之战"。到此，孙膑的"围魏救赵"之计画上了圆满的句号。

马陵之战

公元前343年，魏国发兵攻打韩国，韩国频频向齐国求救。齐威王拖到前341年才再次派田忌为将，孙膑为军师，前往解围。田忌有了上次"围魏救赵"的经验，似乎胸有成竹，准备把上回的计策再用一次。

齐国上千辆兵车刚驰出国境，田忌就下令让齐军直扑魏都大梁，孙膑却劝田忌早早安营扎塞。

田忌问孙膑："军师，兵贵神速，怎么能这么早就休息？"

孙膑说："现在魏国刚刚向韩国发动进攻，如果我们急忙出兵相助，实际上就成了韩国指挥我们了，让我们替韩国承受魏军的强力打击。因此，马上奔袭魏都大梁并不合适。只有让魏、韩争斗一番以后，我们再兵发大梁，攻击疲惫不堪的魏军，才能以最小的代价击败敌人，挽救危难中的韩国。"

田忌听了非常钦佩，让齐军在路上磨蹭了一个多月，才向大梁发起攻击。

魏王见齐军围攻大梁，急忙命令庞涓从韩国撤兵回救大梁，又任命太子申为上将军，与庞涓一起率军10万，迎击齐军。

孙膑知道庞涓的大军将到，就向田忌献上了一个"减灶诱敌"的妙计。魏齐两军还没见面，孙膑就下令齐军大步后退。庞涓追到齐军驻地，只见地上满是挖掘煮饭用的灶头，连忙叫士兵去清点。根据灶的个数，庞涓估计齐军有10万之众。

孙膑与田忌率齐军急急退却，庞涓率魏军在后面追赶，并继续派人数灶。第二天，庞涓发现齐军的灶数量大减，只剩5万人了；第三天，发现灶的数量已经减少到只剩3万人了。庞涓得意地说："齐军士兵胆小怕死，进入我国境内才三天，士兵就逃走了大半。"于是，命魏军抛下辎重，轻装前进，昼夜兼程，紧紧追赶齐军。

这一天，齐国大军退到马陵道。孙膑见这里道路狭窄，树木繁茂，很适宜设伏。估计黄昏时分庞涓必率魏军追到这里。

于是，孙膑先命令士兵砍下树木堵塞了道路，然后又选了一棵大树，刮去树皮，写了一行大字。并安排一万名弓箭手埋伏在道旁，下令说："魏军来到，见到大树底下有人点火，就万箭齐发。"

天刚黑，庞涓就领兵追到马陵道。士兵们在搬拦路的树木时发现路旁大树上有字，忙向庞涓报告。庞涓叫士兵点燃火把一看，上面写着"庞涓死此树下"几个大字，不由得大惊。

此时，埋伏在四周的齐军对准火光万箭齐发，魏军死伤无数，庞涓也身中数箭，倒在了血泊之中。他自知中计，难以脱身，就拔剑自杀了。齐军乘胜追击，彻底打败了魏军，并俘虏了魏太子申。

地形的重要意义

在《孙子兵法》中，非常重视地形的选择。孙子认为：凡是绝涧、天井、天牢、天罗、天陷、天隙都是兵家绝地，必须离得远远的。两军交战，如果兵陷绝地必败无疑。

亲爱的读者朋友们，你们听说过"绝地"这个概念吗？早在公元前500多年，孙子就提出了"绝地"的概念。发生在公元前627年的"崤之战"，就是秦军自己走入绝地，导致全军覆没的战例。

《 千里奔袭 》

公元前627年，秦国的间谍杞子向秦国报告："郑国人让我掌管了国都的北门，如果偷偷派兵来袭，可以灭亡郑国。"秦穆公征求塞叔的意见，塞叔说："这个仗不能打。兴师动众、千里奔袭，郑国怎么会不知道呢？"

秦穆公不听塞叔的劝告。决定派孟明视、西乞术、白乙丙三员大将，率大军袭击郑国。孟明视是百里奚的儿子，西乞术是塞叔的儿子。百里奚和塞叔都是秦国的重臣。秦兵出东门的时候，两位老人哭着说："我们恐怕再也见不到你们回来了。"塞叔甚至对儿子说："我料定你

们一定会死在崤山之中。"

事情果然如蹇叔所预料的那样。走到滑国地界，郑国商人弦高发现了前往郑国的秦军。这位爱国商人假装受郑国派遣，送了十二头牛慰劳秦军，同时迅速派人向郑国报信告急；郑国国君立即驱逐了秦国的奸细。秦军见内应暴露，郑国已有准备，只好灭了晋国的属国——滑国，退兵返秦。

《 兵陷峡谷 》

这时，晋国的国君晋文公刚死，还没下葬。大将先轸说："我国正在国丧之中，秦国却出兵灭了我们的属国，决不能放过他们。"

于是，晋军就按照先轸的计策，在险要的崤山峡谷中设下了埋伏，只等秦军到来。

崤山峡谷两面都是高山，中间是一条险路。晋军在两面的山上设下伏兵，中军放在山谷的尽头，布下了一个口袋阵。

秦军进入谷中，晋军故意派老弱军兵挑战；然后，退入峡谷之中。秦军初战得胜，骄横无比，立即挥军直入。当秦军进入峡谷之后，晋军伏兵四起，并封锁了退路。秦军全军覆没，秦军三帅孟明视、西乞术、白乙丙都做了俘虏。

秦国失败的原因有二：

第一，按照《孙子兵法》，"兵贵神速"最为重要。秦军千里奔袭，路途太远，所以泄露机密，失去了灭亡郑国的战机。

第二，按照《孙子兵法》，地形在战争中至关重要，早在出征前，蹇叔就已经料到秦军此行必定兵败崤山峡谷。因为崤山峡谷正是《孙子兵法》中所说的绝地——绝涧啊！

古蜀国千古之谜

第一个科学巅峰

古代杰出的远古长歌

优美的文学瑰宝

灿烂的文学瑰宝

无涯的思想境界

神秘的王百代文化

精美的青铜宝器

雄伟的水利工程

古代大百科全书

战国时期，秦国的国都咸阳城里发生了一件奇事。

在咸阳城门上悬挂了许多写着文字的布帛，墙上还贴着一张告示。原来，这些写着文字的布帛是一部名为《吕氏春秋》的大书。

告示上说，如果哪位文人学士能够对这部书增删一个字，就可以得到千金的奖赏。可是悬赏了好久，始终也没有人得到这笔赏金。

这就是中国历史上著名的"一字千金"的故事，也是汉语中成语"一字千金"的由来。

这部《吕氏春秋》就是战国时期秦国的相国吕不韦亲自策划、编写的一部古代"大百科全书"。

吕不韦

吕不韦是著名政治家和思想家，曾担任秦国的相国，为秦始皇统一六国立下了不朽的功勋。并因此被秦始皇称为"仲父"。

吕不韦（前292年—前235年），卫国濮阳人，原本是个大商人。他低价买进，高价卖出，很快就积累了千金家产。他经商多年，见多识广，非常精明。公元前265年，秦国的太子死了，秦昭王就把他的第二个儿子安国君立为太子。

安国君最宠爱的妃子叫华阳夫人，他共有二十多个儿子，却没有一个是华阳夫人生的。

安国君有一个排行居中的儿子名叫子楚，是夏姬生的。因为夏姬不受宠爱，所以子楚就作为人质到了赵国。因为秦国多次攻打赵国，赵国对子楚并不以礼相待。

吕不韦到邯郸做生意，见到子楚非常高兴。他对自己的父亲说："子楚就像一件奇货，可以囤积居奇，以待高价售出。"汉语中成语"奇货可居"就出自这个典故。

吕不韦前去拜访子楚，对他游说："我能光大你的门庭。"

子楚笑着说："你还是先光大自己的门庭，然后再来光大我的门庭吧！"

吕不韦笑着回答："我的门庭要等到你的门庭光大以后，才能光大啊！"

接下来，吕不韦对子楚说："我听说安国君非常宠爱华阳夫人。你

奇货可居

有二十多个兄弟，你排行中间，又不被安国君喜欢，安国君将来继位为王，你怎么能争得太子之位呢？"

子楚说："是这样啊！但是，我能怎么办呢？"

吕不韦说："你很窘迫，现在又客居在赵国，当然没有办法。我吕不韦虽然不富有，但愿意拿出千金，去秦国活动，游说安国君和华阳夫人，让他们立你为太子。"

子楚立即叩头拜谢，说："如果您能实现这个计划，我愿意和您共同分享秦国的土地。"

于是，吕不韦去了秦国，用金珠宝玉买通了华阳夫人。不久，安国君就让子楚当上了自己的接班人。

秦昭王死后，安国君继承了王位，就是秦孝文王。没想到只过了一年，秦孝文王也突发疾病死了，于是子楚继承了王位，他就是秦始皇的父亲秦庄襄王。

秦庄襄王尊奉华阳夫人为华阳太后，尊奉生母夏姬为夏太后，封吕不韦为文信侯，并任命他为秦国的相国。秦庄襄王死时，秦王嬴政——就是后来的秦始皇才13岁，因此，吕不韦当了仲父，掌握了秦国的军政大权。可以说，吕不韦才是秦灭六国的策划者。

《吕氏春秋》问世

《吕氏春秋》是先秦时期最重要的百科全书，也是古代最重要的百科全书。这部书在哲学、科学、天文、生物、环保、农桑以及音乐等方面都作了重要探讨。

那个时代，思想文化领域正处于"百花齐放、百家争鸣"的大好局面，许多杰出的学者来到秦国，他们之中有儒家、墨家、道家、法家等学派的学者，还有军事家、道德家、阴阳家和纵横家……这些出类拔萃的人物齐集咸阳，为《吕氏春秋》的问世提供了杰出的人才。

吕不韦当相国的时候，正是"合纵——连横"白热化的紧急关头。当时，魏国有信陵君、楚国有春申君、赵国有平原君、齐国有孟尝君，被称为战国"四公子"。这四个人都是"合纵抗秦"的栋梁之材，他们礼贤下士、结交宾客，对秦国造成了很严重的威胁。

吕不韦认为秦国如此强大，自己也是堂堂的大秦相国，还是秦王的仲父，不应该被他们比下去。于是，他以优厚的待遇，招来了许多文人学士，最多的时候在他门下的食客有3000多人。

一字千金

中华文明故事 春秋德雅韵 古代大百科全书

109

吕不韦让他门下的这些学者将各自的学术思想和所见所闻记录下来，然后按照自己的观点亲自进行筛选、综合，最后，编成了一部包括八览、六论、十二纪，共二十多万字的古代百科全书——《吕氏春秋》。

　　吕不韦认为这部书包括了天地万物、古往今来的所有重要事理，所以号称《吕氏春秋》。吕不韦对这部书非常重视，所以书成之日，就出现了开头我们讲的那一幕：悬赏千金，修改一字。

　　《吕氏春秋》不仅在自然科学、音乐理论、养生之道、环境保护等方面都作了深入的探讨；而且还以黄老思想为核心，把老子的伦理道德、孔孟的民本思想和墨家的理想社会融合在了一起，为我们描绘出了一幅美好的社会蓝图。

《吕氏春秋》的科学思想

　　《吕氏春秋》在自然科学、音乐理论、养生之道、环境保护等许多方面都有独到的见解，书中的许多观点至今仍然具有非常重要的现实意义。

《 自然规律的论述 》

　　《吕氏春秋》对许多自然现象进行了精辟的论述。其中关于圜道的思想最为深刻，是编者对自然界总体规律的深刻认识。

　　亲爱的读者朋友们，你们可能会问：什么是圜道啊？《吕氏春秋》所讲的圜道就是自然界的总体规律。

　　按照《吕氏春秋·圜道》的观点：圜道就是天地万物运行的总体规律。太阳每个昼夜绕行一周，是圜道。月亮运行经过二十八宿，始于角宿，终于轸宿，角宿与轸宿首尾相接，是圆道。精气四季运行，阴气上腾，阳气下降，相合而化成万物，也是圆道。

万物有了活力就会萌发，萌发后滋生，滋生后成长，成长后壮大，壮大后成熟，成熟后衰老、死亡，死后形迹消失，是圆道；云气西行，纷纭回转，冬夏循环不止，是圆道；水泉东流，日夜不停，泉源永不枯竭，海水永不满盈，也是圆道；小泉汇成大海，海水化作轻云，同样还是圆道。

《吕氏春秋》中还记载了月亮阴晴圆缺的变化对某些水生动物的影响：蚌和蛤等水生动物体内的肉质会随着月相的变化而变化，在月望时变得充实，在月晦时变得空虚。

战国时的人们把月亮和水生动物都看成是阴类，《吕氏春秋》的编者不仅指出了月相的变化对蚌、蛤的生殖活动有影响，而且总结出了月相变化对所有的水生动物——"群阴"有普遍影响。

现代科学研究已经证明，《吕氏春秋》中所记载的月相变化对水生动物的影响是完全正确的，是我国古代生物科学上的一大重要发现。

《 保护环境的措施 》

《吕氏春秋》早在2000多年前就意识到了环境保护的重要意义，这在环境破坏日趋严重的今天，更加让人感慨。

在《吕氏春秋·孟春季》中，作者详细、具体地规定了保护动植物资源的许多重要措施。《吕氏春秋》提出：在阴历的正月，禁止使用母畜祭祀山林川泽，禁止上山砍伐林木，禁止捕捉幼鹿，禁止捕杀动物的幼崽和怀胎的狗，禁止掀翻鸟巢、捕捉飞鸟，甚至不允许掏鸟卵。

《吕氏春秋》中的这些措施，对于保护森林，保护动物在春天的正常繁殖有十分重要的意义。

在《吕氏春秋·仲春季》中，编者还提出：为了保证鱼类的生长和繁殖，保证有水灌溉农田，在阴历的二月，不允许放掉河湖中储存的水，不允许用干池沼中储存的水，更不许焚烧山林。《吕氏春秋》中的这些措施是世界上最早的关于保护生态环境的文字记载。

【 科学的养生之道 】

在《吕氏春秋·孟春纪·本生》中，编者还明确提出了人类不能长寿的重要原因，书中说：水的本性很清洁，但是因为受到了土的侵害，所以就不清洁了。人本来是长寿的，但因为追求物质享受，所以很难长寿。

在《吕氏春秋·孟春纪·本生》中，编者还提出了科学的养生观念：富贵而不懂养生之道，足以酿成祸患，还不如贫贱呢！出门乘车、进门坐辇、追求安逸舒适，是招致腿病的原因。吃肥肉、喝好酒，是招致肠子腐烂的原因。迷恋女色、极尽享乐，是砍伐生命的利斧。

《吕氏春秋》认为，这三种祸患都是富贵所招致的。所以古代就有

古代车辆

不肯富贵的人，他们并不是用轻视富贵钓取虚名来夸耀自己，而是因为爱惜自己的生命。

在《吕氏春秋·季春纪·尽数》中，编者告诫世人：过甜、过酸、过苦、过辣、过咸的食物，会伤害生命。过喜、过怒、过忧、过恐、过哀的情绪会伤害生命。过冷、过热、过燥、过湿、过多的风、过多的雨、过多的雾，也会摇动人的精气，伤害人的生命。

在《吕氏春秋·季春纪·尽数》中，编者还提出了运动对于生命的重要意义："流水不腐，户枢不蠹"，是因为运动的缘故。人如果不运动，就会生病。《吕氏春秋》中的这些观点，都已经得到了科学的证实。

【 高山流水觅知音 】

中国古代音乐的起源相当早，据《吕氏春秋》记载，早在黄帝时期就已经有了音律方面的深入研究，并且已经有了对十二平均律的认知，这比西方要早很多年。

《吕氏春秋》详细记载了中国古代十二平均律的创立：古时候，黄帝叫伶伦创制乐律。伶伦经大夏西行，到达昆仑山北面，从山谷中取来竹子，截取两个竹节中间的一段，长度为三寸九分，把吹它发出的声音定为黄钟律的宫音，然后又依次制作了十二根竹管，带到昆仑山下，参考凤凰的鸣叫，创立了十二平均律。这是世界上最早的对音乐十二平均律的书面记载。

《吕氏春秋》中还详细记述了春秋时期喻伯牙与钟子期因为音乐成为好朋友的故事——高山流水觅知音。

春秋时期，晋国人喻伯牙在江南的吴国做大官。有一次，他乘船回家乡，因为天晚了，就把船停泊在了江边的山崖之下，弹琴自娱。

44

喻伯牙正弹得入神，突然听到岸上传来了赞扬之声，于是就让手下人把岸边听琴的人请到了船上。

听琴的人名叫钟子期，虽然樵夫打扮，却是位山间的隐者，深通音律。喻伯牙开始并不相信一个樵夫能听得懂琴，于是就弹了一曲描述高山景色的乐曲，钟子期称赞说："琴音巍峨，您演奏的是高山啊！"喻伯牙又弹了一曲描述美妙流水的乐曲，钟子期称赞说："琴音柔美，您演奏的是流水啊！"

喻伯牙对钟子期的音乐水平感到非常惊讶，也非常钦佩。于是，两人就结成了好友。临行时喻伯牙和钟子期约好，明年还乡时再相会。

第二年，喻伯牙回乡探亲又到故地寻访钟子期。但是，接待他的却是钟子期的父亲。原来，钟子期已经因病去世了。喻伯牙非常悲伤，他认为世上再也没有真正能听懂他琴声的知音了。于是，喻伯牙摔破了琴，并拉断了琴弦，发誓终生再也不弹琴了。这就是汉语中"知音"这个词的由来。

从那以后，"知音"这个词成了心心相印的好朋友的代名词。后来，有佚名音乐家按照喻伯牙弹奏的意境谱写了著名的《高山流水》古琴曲。很快，这首乐曲就成了古典音乐中最著名的曲子。

20世纪80年代，美国宇航局曾经发射了一颗飞向遥远太空、探索外星球文明的宇宙飞船，飞船上选取了许多反映地球人生活的乐曲，其中第一个确定的、并且毫无争议的乐曲就是这首中国古典乐曲——《高山流水》。

为什么选择这首乐曲呢？因为外太空的人，如果听到了这首美丽的乐曲，立即就可以想象出地球上高山巍峨、流水叮咚、美丽优雅的自然景色了。

《吕氏春秋》的理想社会

在《吕氏春秋》中，吕不韦所推崇的理想社会，其实就是孔子和孟子心目中那个天下为公的"大同社会"，就是那个来自周原上的带有原始共产主义性质的领主制封建社会。

《 提倡大公无私 》

在《吕氏春秋·孟春纪·去私》中，编者还宣扬了远古理想社会"天下为公"的价值观。

书中说：天覆盖万物，没有偏私；地承载万物，没有偏私；日月普照万物，没有偏私；春夏秋冬循环交替，没有偏私。天地、日月、四季施其恩德，于是万物得以成长。

接着，编者举了个例子：尧有十个儿子，他却没有把帝位传给自己的儿子，而是传给了舜。舜有九个儿子，他也没有把帝位传给自己的儿子，却传给了禹。他们是最公正无私的。这种天下为公的思想，正是《吕氏春秋》这部书宣扬的重要思想观念。

在《吕氏春秋·孟春纪·贵公》中，编者还宣扬了自己内心推崇的大同社会。书中说："天下不是某一个人的天下，而是天下人的天下。阴阳相和，不只生长一种生物。甘露时雨，不偏私一种生物。万民之主，也不偏爱某一个人。"伯禽将去鲁国，临行前向周公请示治理鲁国的方法。周公说得非常明确："施利给人民，而不要谋取私利。"

这就是吕不韦赞赏的"天下大同"思想。《吕氏春秋》中还记载了这样一个小故事：

有个楚人丢了一张弓，却不肯去寻找，他说："楚人丢了它，反正还是被楚人得到，又何必寻找呢？"

孔子听到这件事后说："从他的话中去掉那个'楚'字就合适了。"老子听到这件事后说："再去掉那个'人'字就更合适了。"

吕不韦认为，只有老子这样的人，才算是达到了"贵公"的最高境界。

《 宣扬民本思想 》

在《吕氏春秋·季夏纪·制乐》中还记载了这样一个小故事，充分体现了吕不韦推崇的民本思想。

宋景公在位的时候，火星出现在心宿的位置，很不吉利。宋景公害怕了，召见子韦，向他询问："火星出现在心宿，这是什么征兆呢？"

子韦说："火星代表上天的惩罚，心宿是宋国的分野，灾祸应当降临在国君您的身上。虽然如此，灾祸可以转移给宰相。"

景公说："宰相是跟我一起治理国家的人，却要把死亡转嫁给他，这不吉利。"

子韦说："灾祸可以转移给百姓。"

景公说："百姓死了，我还给谁当国君呢？我宁肯独自去死！"

子韦说："还可以把灾祸转移给农业的收成。"

景公说："农业收成受到损害，老百姓就会遭受饥荒，百姓遭受饥荒必然饿死。给百姓当国君，却杀害自己的百姓，让自己活下去，那谁还会把我当作国君呢？这是我的命数本来已经到头了，你不要再说了！"

子韦立刻离开原来站立的地方，面向北拜了两拜说："我祝贺您！天虽居于高处，却可以听到地上的一切，您有这三句符合最高尚道德的话，上天一定会奖赏您三次，今夜火星一定后退三舍，您可以延寿二十一年。"

景公说："你根据什么知道会这样呢？"

子韦回答说："您有三句美善之言，必然得到上天的三次奖赏，因此火星肯定后退三舍。迁移一舍要经过七颗星，一颗星代表一年，三七二十一年，所以您将延寿二十一年。我请求守候在宫殿台阶之下观察火星，火星如果不后退，我甘愿一死。"

这一夜，火星果然后退了三舍。

《 宣扬节俭薄葬 》

在《吕氏春秋·孟冬季·安死》中，编者还辛辣地嘲讽了王公贵族死后厚葬的奢靡之风。

书中说："世人建造坟墓，高大如山，坟墓上种树，茂密如林，墓地修建墓阙、庭院，建筑宫室，像个大都邑一样。"用这些向世人夸耀财富，是可以的，但是用这些安葬死者却不行。为什么呢？

假如有这样一个人，埋葬死者时在墓上立一块石碑，在碑面刻上："这里面的器物有珠玉、古玩、财物、宝器，十分丰富，不可以不发掘，掘开它一定大富，可以世世代代乘车吃肉。"人们一定会嘲笑他，认为这个人太糊涂。其实世上厚葬的人不正是这样的人吗？清东陵为什么被盗？不就是这个原因吗？

从古到今，没有不灭亡的国家。因此，也就没有不被挖掘的坟墓。人们耳闻目睹，齐、楚、燕已经灭亡，宋、中山已经灭亡，赵、魏、韩也都灭亡了。从它们再往前，灭亡的国家数都数不清，因此，大墓没有不被掘开的。但是，世人却都争着造大墓，难道不可悲吗？

尧死后葬在谷林，墓上处处种上树；舜葬在纪市，市上的作坊、店铺没有任何变动；禹葬在会稽，不烦扰众人。先王所忧虑的是，坟墓如果被盗掘，死者肯定要受到凌辱；如果俭葬，墓就不会被盗掘。

所以，先王安葬死者，一定要做到俭，做到合，做到同。俭就是俭葬。什么叫合？什么叫同？葬于山林就与山林合为一体，葬于山坡或低湿之地，就与山坡或低湿之地完全相同。这就叫作爱人。

《 吕不韦之死 》

吕不韦执政时曾攻占周、赵、卫等国的大片土地，立三川、太原、东郡，为秦王兼并六国的事业做出了重大贡献。

尽管吕不韦为秦始皇统一六国立下了汗马功劳，尽管吕不韦先被秦始皇尊为仲父，后来又被封为文信侯。但是，秦始皇在掌权后的第十个年头就免去了吕不韦的相国之职，后来，又逼着他服毒自杀了。

后人认为，秦始皇逼死吕不韦是因为"淫乱宫阙"的缘故。其实，事情远没有这么简单。秦始皇为什么要杀吕不韦？主要是因为政见不同。

吕不韦在《吕氏春秋》中所推崇的"大同社会"，是秦始皇不可能做的；吕不韦所赞颂的"民本思想"，也是秦始皇无法容忍的；吕不韦所嘲讽的"侈靡厚葬"，更是秦始皇之最爱；试想，吕不韦怎么能不死呢？

秦始皇推行的是暴政，是脱胎于殷商奴隶制的、大一统的、中央集权式的血腥统治。而吕不韦所推崇的是所谓仁政，是想恢复老子和孔子推崇的那个理想中的领主制封建社会，这二者是水火不相容的。秦始皇怎么能容忍吕不韦？吕不韦又怎么能不死呢？

吕不韦虽然死了，可是《吕氏春秋》这部中国古代的大百科全书，却如同一座丰碑，永远留在了中华文明史上。

第一个 科学巅峰

在 20 世纪，英国出了一位世界著名的科学史家——李约瑟博士。他用毕生的精力完成了一部鸿篇巨著《中国科技史》。

在这部书中，李约瑟博士对中国古代的科学技术作出了极高的评价。他在这部宏伟巨著中提出了一个非常重要的观点："中国在公元 3 世纪到 13 世纪之间保持了一个西方所望尘莫及的科技知识水平。"

李约瑟博士的观点是无可非议的，不仅如此，中华古文明虽然是在公元 3 世纪前后才远远超过西方，但是早在公元前 8 世纪前后的春秋战国时期，就已经进入了她第一个飞速发展的高峰期。

在春秋战国这个伟大的历史时期，诸子百家的古代学者们就已经在天文、数学、光学、力学、地理、生物等众多科学领域，取得了辉煌的成就，达到了与当时的古希腊并驾齐驱的水平。

　　亲爱的读者朋友们，如果告诉你们：中国古代的天文学起源要远远早于尧舜禹时代，距今已经有4500多年了，你们一定很吃惊。2003年，我国考古人员在山西省襄汾县陶寺遗址发现了距今4500～4800年前的古天文观象台。这座古观象台由13根夯土柱组成，呈半圆形，半径10.5米，弧长19.5米。研究表明我们的祖先正是通过这13根土柱之间的窄缝观测日出来确定农耕节气的。模拟观测结果揭示了这座观象台的奥秘：从第二个窄缝看到日出的那天正好是冬至日，从第十二个窄缝看到日出的那天正好是夏至日，而从第七个窄缝看到日出的那两天则是春分和秋分。这座古观象台不仅是中华民族五千年文明史的重要实物，而且是世界上最古老的古天文观象台。

　　根据古代文献记载，早在公元前2500年，尧帝还委派官员到东方的大海边上观测过天象呢！

　　20世纪60年代，考古学家们在山东发现了四件古老的陶尊，有两件刻着斧子和锄头，另外两件刻着太阳、山岗，正是古代的天象图。

　　根据这四件陶器上面的图案和出土的地点可以认定：这些陶器可能正是尧帝委派官员到东方观测天象时使用的祭器。

　　有确凿的证据表明：早在夏朝，我们的祖先就制定了完整的天文历法——《夏小正》。孔子曾对弟子们说过："我想了解夏代的道德，所以去了杞国，虽然我发现杞国的道德没有什么值得学习的，但是我却得到了夏代的历法。"孔子在杞国得到的历法就是《夏小正》。

　　流行于先秦的《夏小正》是世界上最早的天文历法，距今已有3500多年了。《夏小正》按12个月记载了每个月的天象和物候，不仅是我国古代最早的天文历法，也是世界上最珍贵的天文学文献。

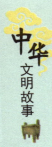

从孔子得到的《夏小正》可以看出，早在公元前2500年前后的夏代，中国就有了最早的天文观测记录。人人皆知的"牵牛星"和"织女星"在《夏小正》中已经有了最初的记载。

到了春秋战国时期，天文学家们对周天星空的观测已经相当普遍了。

中国最早的天文观测记录就是公元前613年鲁国史官对彗星掠过地球的记载："秋七月，有星孛入于北斗。"意思是：秋七月，有彗星曾经穿过北斗七星的位置。

根据彗星运行周期推算，可以确定这颗彗星就是著名的哈雷彗星。

先秦的天文学家们记载了许多天文现象。例如，日食和月食的发生，新星和超新星的爆发，太阳黑子的变化，五大行星的运行和彗星靠近地球的飞掠。这些珍贵的天文记录对现代宇宙学、天体物理学研究都具有十分重大的意义。

战国时期，最著名的天文学家是齐国的甘德和魏国的石申。尽管由于年代久远，他们的原著我们今天已经看不到了。不过，唐代天文学家把他们的观测结果编成了一本书，这就是著名的《甘石星经》。

在《甘石星经》中，石申所制定的恒星图表是世界上最早的恒星图表。史书上称它为《石氏星表》，它不仅详细地列出了二十八宿的划分、位置和完整的四方天宫的分区，而且对周天恒星都作了详细的观测记录，在世界天文学史上占有重要地位。

你们知道木星的卫星是怎么发现的吗？

据西方科学史的记载，木星的卫星是意大利天文学家伽利略在1610年用望远镜发现的。

然而，在唐朝学者整理的《开元占经》中却清晰地记载着：战国时期的天文学家甘德用肉眼发现了木星的卫星："岁星在子……其状甚大有光，若有小赤星附于其侧，是谓同盟。"这颗附在木星旁边的"小赤星"就是木卫三。

事实上，用肉眼确实可以看到木星的这颗卫星，这一点已经得到了现代科学界的证实。甘德发现木星卫星的时间比伽利略要早2100多年呢！

先进的科学计算

西汉初年，在天文学界流行着一部名为《周髀算经》的天文学著作，书中记载了许多先秦时期的天文学和数学成就，其中最重要的就是公元前1000多年前中国数学家商高提出的著名的"商高定理"——"勾股定理"。

这个定理揭示了直角三角形三个边之间的数量关系：$c^2=a^2+b^2$。

据西汉成书的《周髀算经》记载，"勾股定理"是在西周初年（公元前11世纪前后）数学家商高与周公的一次谈话中明确提出来的。商高把直角三角形的对边称为"勾"，邻边称为"股"，斜边称为"玄"。并且做出了："勾广三、股修四、经隅五"的重要结论。意思就是：勾如果为三，股如果为四，斜边也就是玄肯定等于五。

列成算式就是：$5^2=3^2+4^2$。

在西方数学史上这个定理被称为"毕达哥拉斯定理"，是古希腊数学家毕达哥拉斯于公元前600年前后发现的。

尽管商高并没有给出这个定理的证明，但是得出这个结论的时间却比毕达哥拉斯早了将近五个多世纪。为了纪念商高这位3000多年前的数学大师，许多数学家至今仍然称这个著名的数学定理为"商高定理"。

《周髀算经》是汉代出现的以"盖天说"为模型的天文学著作，

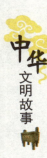

中华
文明故事

记载了许多先秦时期的天文学和数学成果，"勾股定理"只是其中的一例。

墨家的自然哲学

由于《墨经》是晚期墨学发展的重要成果，因此，其成就远在先秦诸子百家之上。墨学在哲学、政治、经济、伦理及自然科学等许多方面都有着深刻的见解。

墨子

先秦时期的学者们不仅在天文学、数学方面做出了非常重要的贡献，在力学、光学、地理、生物及机械制造等许多方面同样也是走在世界最前列的，完全可以与古希腊学者并驾齐驱。其中，墨家学派在力学和光学方面取得的成就最为突出。

墨子（约前468年—前376年），姓墨名翟，春秋时期鲁国人，是中国古代伟大的思想家、科学家、教育家、军事家和社会活动家。墨子和他的弟子们所创立的墨学，是一个包含多学科的、综合性的学术思想体系。

从战国初期直到秦始皇统一六国，墨家学派代代相传，在神州大地上兴盛了数百年之久。在这数百年的历史时期内，墨学与儒学几乎处于分庭抗礼、并驾齐驱的显赫地位，连著名的法家韩非子都羡慕地说："世之显学，儒、墨也。儒之所

至，孔丘也。墨之所至，墨翟也。"

《 墨家的力学实验 》

墨学对"力"的研究相当早。《墨经》中早有记载："力，刑之所以奋也。"这句话的意思非常明确：力是物体运动状态变化的根本原因，充分说明了力和运动之间的因果关系。

墨家学派还用力学原理对杠杆的平衡进行了详细、精彩的论述：当杠杆两端达到平衡的时候，如果在其中的一端加重物，加重物的这一端必然要下垂。这时要想保持平衡，重臂一定要小于力臂。如果在两端加同样的重量，力臂自然就要下垂了。

《 墨家的光学实验 》

墨家学派在光学上的贡献更突出。几何光学就是牛顿光学，几何光学最重要的原理就是：光是直线传播的。早在战国时期，墨家学派就对这个原理进行了非常详细的实验研究。

为了证明光是直线传播的，墨子设计了著名的"小孔成像"实验：墨子先让光线照射在人身上，然后通过一个小孔在后面映出这个人的倒像。

为什么会出现这种现象呢？《墨经》中说："影子是光照在人身上形成的；因为光是直线传播的，人的足部挡住了下面的光线，所以形成的影子在上面；人的头部挡住了上面的光线，所以形成的影子在下面。于是，人就成了倒立的了。"

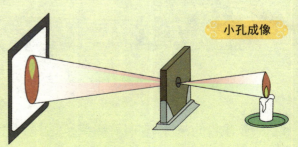

小孔成像

《墨经》中的这段话是世界上最早对"小孔成像"作出的正确解释。

《 先进的机械原理 》

墨子不仅是一个伟大的思想家、一个知识渊博的学者，还是一位出色的机械设计师。

人们普遍认为，能够连续发射箭矢的弩弓是汉代以后才出现的；还有人认为是三国时期的诸葛亮发明的。其实，《墨经》中早就有了连弩车的记载。

墨子发明的连弩车是一种机械化程度很高的实战武器，是世界上最早的连续发射弩箭的机械装置，是现代重要步兵武器——机关枪的始祖。

按照《墨经》的记载，这种连弩车能够连续发射几十支箭。令人遗憾的是，由于年代久远，连弩车早已失传。到目前为止，既没有在考古发掘中见到实物，也没有发现遗留下来的草图，以至于我们已经无法根据《墨经》中的文字资料复原连弩车的原型了。

《墨经·备高临》中关于连弩车的记载，比西方著名科学家、画家列奥纳多·达·芬奇遗稿中所设计的具有连发功能的机械装置至少要早2000年左右。

伟大的科学精神

先秦时期的文献不仅记载了春秋时期的许多天文现象，而且宣扬了一种朴素的唯物主义哲学思想。

不仅孔子对鬼神采取"存而不论"的态度，左丘明在著名的《左传》中也通过大量自然历史事件，展示了这种先进的科学精神。后世儒家学者之所以对鬼神之事采取"敬而远之"或者"存而不论"的态度，与孔子和左丘明有着很重要的关系，同时也是那个时代科学精神的体现。

孔子对鬼神之说不屑一顾。他明确地告诫弟子："未能事人，焉能事鬼？"孔子这种反对迷信鬼神的科学精神对中国古代科学思想的发展产生了重要影响。

《 周叔兴回复襄公 》

据《左传》记载：鲁僖公十六年春天，宋国从天上坠落了五块石头，这其实是坠落的陨石。人们还见到有六只鹢鸟向后倒着飞过宋国的国都，这是因为当时风刮得太大太急。

当时，周王室的内史叔兴正在宋国，宋襄公就向叔兴问起了这两件事："这是凶呢？还是吉呢？凶吉又将应验在哪里呢？"

叔兴回答说："今年鲁国将遇到几次较大的丧事，明年齐国将有动乱发生，国君能得到诸侯的拥护，但却难以善始善终。"

叔兴退出来之后告诉别人说："国君不该问这样的话。星星的坠落和鹢鸟倒着飞都是属于宇宙中的阴阳变化，与人事的吉凶根本没有关系，人的吉凶是由人决定的。我只是因为不愿意顶撞国君才这样回答啊！"

《 齐晏子劝禳彗星 》

据《左传》记载：鲁昭公二十六年，齐国的上空出现了彗星，齐景公赶快派人去安排祭祀以消除灾祸。

齐国的相国晏婴对景公说："祭祀并没有用，只是自欺欺人罢了。上天不会虚伪，命令也不会有错，怎么能消除得了呢？再说了，天上出现了彗星，是用来扫除污秽的。如果君王自己的德行没有污秽，又何必要消除呢？如果君王的德行有污秽，仅靠祭祀就能消除得了吗？

"《诗经》上说："只有这个文王，才小心翼翼，恭敬地事奉天命，因此才得到各种福禄。因为他的德行不违天命，所以能拥有四方。"君王只要没有污秽德行，四方的国家就会纷纷对您顺从，还用得着害怕彗星的出现吗？

"《诗经》还说："我没有什么作为前车之鉴，如果说有，那就是夏、商两朝。由于动乱频繁，百姓纷纷逃亡。"如果君王的德行违背了天命而导致动乱，那么百姓必将流离失所。在这种情况下，即使让人祭祀，也没有丝毫的用处。"

齐景公认为晏婴的话很有道理，便取消了祭祀。

宇宙起源的猜测

中国古代，最先对宇宙起源做出重要猜测的是战国时期的另一位重要思想家列子——列御寇。

列御寇是战国时人，由于年代久远，他的生平事迹已经没有办法查考了，我们今天只知道他的学术思想与道家接近。道教信徒尊他为"清虚道德真君"。

列子对宇宙起源的天才猜测被后人记载在了《列子》这部书中。

《列子》成书于战国晚期，是列子的弟子们在他死后根据他的学术言论和学术思想

流传至今的《列子》曾被认为是西晋时期的伪作，然而，新的研究成果表明，不仅列子确有其人，而且《列子》这部书确实是战国时期流传下来的。其中的科学思想令人叹为观止。

列子

撰写的。由于秦始皇焚书之祸，原书和具体的作者都已经无法考证了。

《列子》中的自然哲学思想是非常丰富的，许多观点都涉及了现代自然科学的前沿问题。

在现代宇宙学理论中，科学家们认为宇宙是"有界无限"的，可宇宙的边界究竟在哪里？宇宙的边界之外又是什么呢？这些问题至今仍然是科学家们无法解答的难题。而《列子·汤问》早在2000多年前就对这些问题进行了深刻的探讨。

在《列子·汤问》中，商汤问夏革："世间的万事万物有先后之分吗？"

夏革回答说："万事万物的开始和终结都没有尽头。起点可能就是终点，终点可能就是起点，怎么能知道先后的顺序呢？因此，在自然界的事物之外、宇宙开始之前的事，我是不可能知道的。"

在《列子·汤问》中，商汤问夏革："宇宙的四面八方有界限吗？"

夏革回答说："不知道。"商汤坚持要夏革回答。夏革说："我只知道宇宙是没有尽头，也没有界限的，但至于宇宙的界限在哪里，我真的不知道。"

列子和墨家一样重视自然科学，并在这点上对儒家采取嘲笑的态

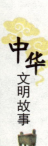
中华
文明故事

度。在《列子》中记载着这样一个小故事：

孔子到东方游学，途中遇见两个小孩在争辩，便问他们争辩的原因。

一个小孩说："我认为太阳刚升起来时离人近，而到中午时离人远。"

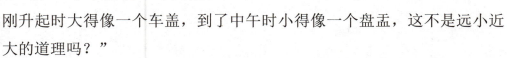

另一个小孩说："太阳刚升起时离人远，而到中午时离人近。"

两小儿辩日

第一个小孩说："太阳刚升起时大得像一个车盖，到了中午时小得像一个盘盂，这不是远小近大的道理吗？"

另一个小孩说："太阳刚出来时清凉而略带寒意，到了中午时就像把手伸进热水里一样热，这不是近热远凉的道理吗？"

孔子听了以后，不能判定他们谁对谁错。

因此，两个小孩笑着说："谁说你知识渊博呢？"

世界最早的机器人

亲爱的读者朋友们，你们都喜欢能唱歌、会跳舞的机器人吧？

机器人——人工智能是现代计算机技术与自动化技术的核心，是20世纪后半叶才开始逐步发展起来的。说起来你们可能不相信，在距今2000多年以前的《列子·汤问》中竟然记载着世界上最早的机器人的故事。

这个有趣的小故事不仅是中华古文明史上最有趣的科学幻想，而且是世界科学史上关于人工智能的最早的文字记载。

故事是这样的：周穆王率领手下人翻越昆仑山向西方游猎，在返回途中遇到了一位名叫偃师的工匠。

周穆王接见了偃师，问这位工匠："你能制作些什么东西呢？"

偃师说："我可以按大王的要求制作任何东西，我已经制成了一些东西，希望大王先看看。"周穆王答应说："明天你把制造好的东西带过来，我先看看吧。"

第二天，偃师又来见周穆王，并带来了一个人。偃师对周穆王说："这就是我制造出来的会演唱的人。"

周穆王很惊讶地观察偃师带来的演唱者，发现他走路、行礼都同普

周穆王西游

通人没什么两样。只要动一下那个人的额头，他就和着韵律唱歌；碰一下那人的手，他就按着韵律跳舞；他还可以按照人们的心愿做出各种变化。所以周穆王认为这就是一个真的人。

于是，周穆王就把自己的姬妾、美人都叫出来，观看这人唱歌、跳舞。当歌舞表演快要结束的时候，这个演唱者突然向周穆王的美姬做出诱惑的眼神，好像要引诱她们。

周穆王大怒，立即下令杀死偃师。偃师吓坏了，赶忙动手拆散了这个演唱的人让周穆王看。原来，这个演唱的人是用皮革、木头、胶、漆和各种画画用的颜料制成的机器人。

周穆王仔细观察，发现这个演唱者的肝、胆、心、肺、脾、肾、肠、胃和外部的筋骨、肢体、皮毛等虽然很齐全，但却都是人工制造的。当偃师再次把这个人装配起来，他就又同刚来的时候完全一样了。周穆王试着去掉了演唱者的心，他就不能说话了；去掉了他的肝，他就不能看东西了；去掉了他的肾，他就连路也不会走了。

周穆王玩得很高兴，感慨地对手下人说："人的技艺难道可以同造物主相媲美吗？"最后，周穆王把这个机器人带回了王宫。

今天，我们很难相信2000年前的中国古人能制造出会唱歌、会跳舞的机器人，更不敢相信当时能制造出与真人一模一样的仿真机器人。

可《列子·汤问》中确实记载了这个有趣的、会唱歌、会跳舞的机器人的故事，这种丰富的科学幻想充分展示了先秦时期学者开放的思想观念。而这正是那个时代哲学思想、科学思想和文学艺术飞速发展的决定性因素。

科学精神的衰落

秦始皇统一六国之后，除了法家之外，先秦诸子百家的学术思想都遭受了灭顶之灾。儒家、墨家、道家的学术典籍都在"焚书坑儒"的烈焰之中化为了灰烬。

到了西汉初年，与科学密切相关的《列子》原书已经少有流行了，只有儒学、墨学在民间似乎稍有复苏。后来，甚至还出现过"儒、墨咸聚于江淮之间，讲议集论，著书数十篇"的盛况。

然而，好景不长，汉武帝"罢黜百家、独尊儒术"的实行，对墨学进行了最后的打击。先秦诸子百家的学术思想都被儒学所吸收，只有墨学被视为异端邪说。

从那以后，墨学不仅失去了与儒家并驾齐驱的显赫地位，而且成了真正的绝学。可以毫不夸张地说，墨学的被废，正是中国古代科学技术在近代落伍的重要原因之一。

在汉武帝实行"罢黜百家、独尊儒术"的政策后，墨学在思想界、学术界倍受打击、排挤。最终，这一中华民族的优秀学术思想被强行中断了。

古蜀国千古之谜

第一个科学巅峰

古代大百科全书

杰出的军事战歌

优美的远古长歌

灿烂的文学瑰宝

无涯的思想境界

神秘的玉石文星

精美的青铜宝

雄伟的水利工呈

千古之谜
古蜀国

　　长江流域的良渚文化和黄河流域的陶寺文化已经把中华古文明的起点定格在 4500 ～ 5000 年前，而古蜀国古代文明的发现又为光辉灿烂的中华古文明增添了绚丽的光彩！

　　神秘的古蜀文明距今究竟有多少年了？古蜀国的先民们究竟来自何方？创立光辉灿烂古蜀国文明的究竟是什么人？他们是今天哪一个民族的先祖？

　　由于古蜀国的文字始终没有被破译，所以直到今天，这个古蜀国神秘的远古文明仍然有许多未解之谜。

神秘的部落

大约在距今5000年前后，有一个神秘的远古部落迁徙到了成都平原。有人猜测他们是土生土长的古濮人，也有人猜测他们是从高山上下来的古羌人，还有人猜测他们可能来自遥远的西亚。

尽管没有人知道这个神秘的远古部落来自何方，但他们却在成都平原上给我们留下了神秘的远古文明的足迹。

远古时期，一个神秘的部落在三星堆创造了令人震惊的世界奇迹——辉煌的古蜀文明。她与长江流域和黄河流域古代文明一样也是中华古文明的重要组成部分。

成都平原上的宝墩古城遗址、温江鱼凫城遗址、都江堰芒城遗址、崇州市双河遗址、紫竹遗址和郫县古城遗址等，都是这个神秘部落给我们留下的杰作，被学术界称为"古蜀国史前古城遗址"。

《 定居蜀地 》

据猜测，这个神秘的远古部落在大酋长的带领下从故乡来到成都平原，他们发现这里森林茂盛、土地肥美，就停下了迁徙的脚步。

人们放火烧荒，把森林开发成良田，然后用石制的农具耕种这些土地。在耕作之余，他们还狩猎，在宝墩古城出土的文物中发现了他们狩猎时使用的石箭和石镖。

他们在石箭、石镖上凿一个洞，系上绳子，然后埋伏在丛林中。当猎物进入攻击范围时，他们会准确地投出武器，猎物被一击致命。

原始的古蜀国人在成都平原上就这样定居了。他们在肥沃的田野里春种秋收，在茂密的丛林中采集、狩猎。

〖 筑城建都 〗

成都平原上河流很多，雨水丰沛，广阔的森林中飞禽走兽很多，狩猎也很方便。唯独在雨季，洪水会威胁部落的营地；凶猛的野兽会对儿童造成伤害。

由于人们对洪水、猛兽十分害怕，在部落大会上，纷纷向大酋长诉苦。大酋长对大家说："我们可以筑土墙保护自己，只要把墙筑得高高大大的，就能阻止洪水，抵挡猛兽。"

在大酋长的带领下，全部落的人都行动起来，大家从田地里取土，在河里捡石头，然后堆在一起夯筑高墙。很快，高高的城墙就筑起来了。

〖 祭祀神灵 〗

城墙修好了，人们开始修建祭祀天地、神灵的祭坛。很快，就在族人居住的中心位置，建起了一座面积达550平方米的神庙。

今天，在宝墩古城遗址的中心仍然可以看到一处十分奇怪的建筑：一条白色的碎石路圈成了一个优雅的长方形，中间等距离分布着5个用竹编围成的鹅卵石台基。这就是古蜀神庙中的祭坛。

〖 再度迁徙 〗

宝墩古城总面积约60万平方米，比商朝的盘龙古城大了将近十倍。在时间上，宝墩文化也比殷商早1000多年。

然而，令人不解的是，过了仅仅100多年，这样一座巨大的"都城"就被古蜀人遗弃了。这究竟是为什么？人们怎么舍得抛弃自己的家园，再一次背井离乡呢？

原来，由于这个神秘的部落刀耕火种和过度渔猎，破坏了当地的自然环境：田里的收成越来越低，森林里的野兽也越打越少，整个部落只好忍痛离开了辛辛苦苦建起的家园，继续迁徙。

《 走向辉煌 》

成都平原有很多水草丰茂、森林密布的台地。因此，人们在大酋长的带领下走不多远就找到了重新定居的地方。大家放下行李，安顿好儿童，开始营建新的家园。他们再次夯筑起高大的城墙，建造起祭祀的神坛，营建舒适的居所。美好的生活又重新开始了。

可是，对环境的破坏也重新开始了。不久，部落只好再次迁徙。从公元前2500年到公元前1700年间，这个神秘部落至少迁徙了6次，新津宝墩古城、温江鱼凫城、郫县古城、崇州双河古城、紫竹古城、都江堰芒城遗址等都留下了这个神秘部落高大的城墙、精美的玉器和彩陶。最后，这个神秘的部落就消失在了广阔的成都平原上。这个史前的神秘部落最终到哪里去了呢？

人们早在1929年就发现了三星堆古文明遗迹，但那只是巨大的冰山的一角。直到公元1986年，三星堆的奥秘被彻底揭开，人们才发现：灿烂的三星堆古文明正是前蜀文化的继续。最初在新津宝墩定居的这个神秘部落到了三星堆才摆脱了迁徙之苦，进入了辉煌的青铜时代。

世界奇迹三星堆

三星堆古文明遗址位于四川广汉城西7千米的鸭子河畔。民间传说，玉皇大帝在天上撒了三把土，落在了鸭子河畔，就变成了矗立在大平原上的三个大黄土堆。

因为这三个巨大的黄土堆好像一条直线上分布的三颗金星，所以人

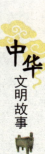

三星堆是古蜀文明发展的新阶段，尽管三星堆远没有埃及金字塔那么雄伟，可三星堆遗址出土的古代文物却创造了多项世界之最。因此，三星堆文明完全可以称之为"世界第一大奇迹"。

们就给这个地方取了个形象的名字——三星堆。

遗憾的是，直到很久以后，人们才认识到这三个巨大的黄土堆其实是一座距今4000年左右的古城墙遗址。

《 强大的国家 》

虽然宝墩古城比三星堆早了上千年，但是人们最先发现的却是三星堆文化遗址。1929年春天，当地一位名叫燕道诚的农民在宅子旁边挖水沟时，发现了许多精美的古代玉器，从此揭开了三星堆文明神秘的面纱。

1986年，三星堆两个大型祭祀坑又相继被发现，上千件稀世珍宝惊现世间，一下子轰动了整个世界，隐藏数千年的古蜀文明终于重见天日了。

三星堆的出土文物表明，此时的古蜀国与同时代的商王朝没有任何隶属关系，他们是两个相互独立的王国。在商朝的甲骨文中，曾经记载了很多次两国军队交战的事件。在三星堆遗址中还发现了商朝的兵器和刻有商朝文字的器物，估计是两国交战中夺得的战利品。可见，古蜀国是相当强大的。

这些发现非常重要，它标志着古蜀国文明同长江流域与黄河流域的远古文明是紧密相连的，同样是中华古文明的重要组成部分。

《 多项世界之最 》

在三星堆的祭祀坑中，出土了近400件制作精美的青铜器，其数量令世人震惊。三星堆遗址出土的精美文物在六个方面都达到了世界之最。

第一个世界之最：在三星堆的祭祀坑中，出土了古代世界最独特的青铜纵目人像面具。

第二个世界之最：在三星堆的祭祀坑中，出土了古代世界最高大、最完整的青铜立人像。

第三个世界之最：在三星堆的祭祀坑中，出土了世界上数量最多、造型最精美的青铜大头鸟。

第四个世界之最：在三星堆的祭祀坑中，出土了世界上最神秘、最奇特的带有五角星的青铜太阳轮。

第五个世界之最：在三星堆的祭祀坑中，出土了世界上年代最早、尺寸最长的金杖。

第六个世界之最：在三星堆的祭祀坑中，出土了世界上最古老、最高大的青铜神树。这也是三星堆出土文物中最令世人震惊的青铜器。

《 纵目青铜面具 》

在三星堆出土的大量珍贵文物中，最引人注目的是50多件青铜人头像和青铜面具。这些青铜人头像和青铜面具铸造精美、形态各异，既有夸张的造型，又有细腻的写真，组成了一个千姿百态的神秘群体。

纵目青铜面具

在这50多件青铜人头像和青铜面具中，最令人震惊的是三件神秘、怪异的青铜人像面具。这三件人像面具的眼球都长得像圆柱一样，而且凸出在眼眶之外，所以人们称之为"纵目人像面具"。其中最夸张的那件面具，圆柱状的眼球居然凸出眼眶达16.5厘米。

有人认为，由于当地是甲亢病流行地区，可能古蜀国国王蚕丛是个严重的甲亢病患者，眼睛格外凸出。因此，人们在制作蚕丛的神像时，对他的眼睛进行了夸张的"神化"，后世就出现了古蜀王蚕丛眼球呈圆柱形凸出的形象。

《 青铜立人像 》

三星堆出土的青铜立人像不仅是中国发现的最高大的青铜立人像，也是古代世界上最高大的青铜立人像。因此，被人们称之为"世界青铜立像之王"。

这座庞大的青铜巨人，连底座高达2.62米，重180千克。立人造型非常奇特：身躯瘦高，手臂和手十分粗大，两手呈抱握状。

最奇特的是立人像的脸型：高鼻粗眉、深目大眼、嘴巴宽阔、耳朵很大，耳垂上还有一个穿孔，非常像西亚地区的居民。

那么，这尊青铜立人像代表的是什么人呢？有人认为是古蜀王的造像，也有人认为是古蜀国政教合一的宗教领袖。这座青铜立人像头上顶着花冠，在花冠的正中央有一个圆形的、代表太阳的标志，似乎他正代表太阳神行使着自己的职能。因此，这尊青铜立人像很可能是古蜀人心目中太阳神的化身。

由于这尊青铜立人雕像在中国出土文物中非常罕见，因此它的出现让考古学界感到十分迷茫。他那副"高鼻深目、阔嘴大耳，耳朵上还带有穿孔"的怪样子确实不大像中国人，因此，有人猜测这座青铜立人像隐藏着重大的秘密：三星堆文化可能与两河流域的美索不达米亚文明、爱琴海沿岸的古希腊克里特文明存在着某种内在联系。

《 三星堆青铜鸟 》

三星堆青铜鸟

三星堆遗址还出土了大量的青铜鸟和鸟形器物，其数量之多在世界考古发现中可以说是首屈一指。三星堆人对鸟的崇拜非常有趣，因为他们所崇拜的鸟既不是凤凰也不是孔雀，而是鱼鹰。

鱼鹰的学名叫鸬鹚，是一种水鸟，它们会游泳潜水，多年来都是人类驯养的捕鱼工具。据生物学家推论，在远古时期，野生的鸬鹚可能是会飞的。这种原本生活在地上的鸟，既能飞上天空，又能潜入水下。因此，三星堆人就把它当作了可以上天、下地、入水，与神祇相通的神鸟。

《 青铜太阳轮 》

在三星堆出土的青铜器中，最神秘的就是青铜太阳轮。在全世界的古代青铜器中，只有三星堆的青铜太阳轮是带有五角星图案的。

青铜太阳轮的外圈是一个完整的正圆，正圆的中心是一个制作非常精美的正五角星。在3000多年前的三星堆时期，在一个圆形器中制作五角星图案，难度是相当大的。那么，三星堆人为什么要制作难度这么大的青铜器呢？

这同古蜀人对太阳的极度崇拜有着重要的关联。人们普遍认为，古蜀国人正是出于对太阳的崇拜，制作了这种外圈为正圆、中心为五角星的神秘青铜器。考古学家们也都一致认定：青铜太阳轮同太阳崇拜有着重要关联。

青铜太阳轮

《 古蜀国金杖 》

三星堆出土文物中最引人注目的就要数那根神秘的金杖了。不仅中国古代出土文物中从未出现过金杖，世界上也没有出现过这样的金杖。因此，它在全世界是唯一的。

这根神秘的金杖是用带有图案的金箔包卷在一根木杆上制成的。金杖的全长为142厘米，直径为2.3厘米，木杆早已碳化，剩下了完整的金箔，净重约700克。

金杖上的图案，分为三组。金杖的端头是两个前后对称，头戴高冠，面带微笑的人头像，耳垂上还戴着三角形耳坠，中间是两只以头相对的鸟，下面是两条以背相对的鱼。

在古代典籍中，古蜀国国王名叫鱼凫。凫是一种水鸟，就是鱼鹰。因为在这支金杖的图案中，有鱼有鸟，而且鸟在上，鱼在下，与鱼鹰捕鱼时的图案一致。因此，人们普遍认为这根金杖就是古蜀国国王鱼凫的权杖。

在中原地区，自大禹治水以后，以鼎代表古代王者的权威；而在三星堆文化中，却是以金杖代表王权，因此，具有十分特殊的意义。

《 青铜神树 》

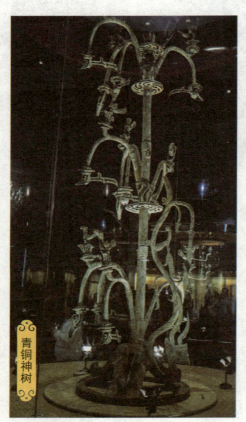

青铜神树

在三星堆所有的出土文物中，最高大、最精美、最神奇的就是那6棵巨大的青铜神树。

它们是中国之最，更是世界之最，在全世界所有的出土文物中，这样的青铜神树是绝无仅有的。

1986年8月，四川省的考古学家们在巨大的祭祀坑中发现了6棵青铜制造的树。可惜的是，由于年代过于久远，腐蚀严重，只有一棵青铜神树修复得比较完好，即一号青铜树。

据推测，一号青铜树原来的高度应在5米以上，修复出来的残存部分仍然高达3.96米。

这棵青铜神树非常精美：树干笔直，生长着三层树枝，每一层3根枝条，全树有9根树枝。树枝都柔和地下垂着，枝条的中部伸出短枝，短枝上有镂空花纹的小圆圈和花蕾，花蕾上各有一只昂首翘尾的小鸟。在树干的一侧还有四个横向的短梁，有一条神龙盘绕在树干上。

在世界所有的考古发现中，都没有发现过这样的神树。因此，三星堆遗址出土的青铜神树，在全世界都是最神奇的青铜器。

这么精美的青铜树究竟代表着什么呢？在远古时期的神话传说中，有10个太阳，他们栖息在东海的扶桑神树上，每日轮换一次。在青铜神树的9条树枝上共栖息着9只神鸟，正是那9只正在休息的太阳鸟。那第十只神鸟就是在神树顶上"值班"的太阳。

由于年代久远，这棵青铜神树已经不能全部复原了；否则，我们应该能看到在神树顶端站立的那只代表太阳的神鸟。

《 消失的古国 》

从公元前1800年～公元前1000年左右，三星堆文化的繁荣持续了至少有800年之久。然而，大约在公元前1000年前后，这个文明古国又突然地、神秘地消失了。如同神龙一样见首不见尾。

当古蜀国的历史再一次出现详细记载的时候，中间竟然出现了1000多年的神秘空白，三星堆古蜀文明的后裔究竟到哪里去了？人们曾经做出过种种不同的猜测，但都因为证据不足，始终只是猜测而已。

有人认为，古蜀国亡于水患。理由是三星堆遗址北临鸭子河，马牧河又从城中穿流而过，是肆虐的洪水导致了文明的衰落。可考古学家们在遗址中却没有发现洪水留下的痕迹。

还有人认为，古蜀国亡于战争。理由是：在三星堆遗址中发现的青铜器和玉器大多数被破坏过或焚烧过。经科学测定，人们发现，这些青铜器之间的年代相差甚远，肯定与战争无关。

还有人认为，古蜀国已经迁徙。可成都平原物产丰富，土壤肥沃，气候温和，人们为什么一定要背井离乡，长途迁徙呢？直到进入21世纪，四川金沙遗址的发现，才找到了真正的答案。

金沙遗址现辉煌

金沙文化遗址出土的文物与广汉三星堆的出土文物有着千丝万缕的联系。研究结果表明，2001年在四川成都发现的金沙文化遗址正是消失了的三星堆古蜀文明的延续。

2001年四川成都金沙文化遗址的发现，再一次延续了辉煌的古蜀文明，复活了那段失落的历史，破解了三星堆古蜀文化在公元前1000年前后突然消失之谜。

金沙遗址的出土文物表明，公元前1200年前后～公元前650年前后的数百年间，古蜀国的国王和臣民们并没有向远方迁徙，他们仍然生活在成都平原上，古蜀国的中心就在距三星堆不远的金沙。

《 大型的宫殿建筑 》

金沙文化遗址位于成都市西郊青羊区，与成都市中心区相距只有区区几公里，距三星堆古蜀文化遗址还不足百公里。金沙遗址的出土文物表明，神秘消失的三星堆古蜀文明并没有真的消失，而是迁徙到了不远处的金沙。

《 精美绝伦的金器 》

考古学家们在金沙遗址出土了上千件金器：有金面具、金带、圆形金饰、喇叭形金饰和金制的太阳神鸟。其中金沙出土的金面具与广汉三星堆遗址出土的青铜面具在造型风格上非常相似，这也是金沙文化源于三星堆的重要证据。

金沙出土的金器中，以太阳神鸟最为独特，也最为精美。这件器物呈圆形，用金箔制成，厚度仅0.02厘米，图案采用镂空方式，分为两

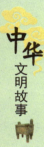

中华文明故事

层：内层的中心是太阳，向四周喷射出十二道光芒；外层是围绕着太阳旋转飞翔的四只神鸟。在这个罕见的金饰中，环绕太阳飞翔的四只神鸟，首足前后相接，体现了古蜀人对太阳的极度崇拜，所以，这件金饰也被称之为"四鸟绕日"。

金沙太阳神鸟

太阳神鸟是古蜀国黄金工艺的辉煌成就，其制作水平无论在中国还是在全世界都是首屈一指的。

今天，神鸟已经成了当地人民最喜欢的城市标志。亲爱的读者朋友们，你们如果有机会去成都旅游，一定不要忘了在天府广场上欣赏这只精美绝伦的太阳鸟。

丰富多彩的玉器

金沙出土的还有2000多件玉器，有玉璧、玉璋、玉戈、玉矛、玉镯和玉牌等许多种类。这些玉大都精美绝伦，充分展示了金沙文化的辉煌成就。

其中一件高大的玉琮共十节，高达22厘米，颜色为翡翠绿，雕刻得也极为精美，堪称古今一绝。

优美别致的石器

金沙遗址不仅出土了大量金器和玉器，还出土了近1000多件石器。有石人、石虎、石蛇、石龟等多种造型，在四川是迄今为止年代最久

145

远、制作最精美的石器。

在众多的动物造型中，石虎的造型古朴生动、极为传神。还有大量的石璧、石璋、石矛、石斧更增添了金沙古文明的神秘色彩。

《 似曾相识的青铜器 》

在金沙遗址出土的全部文物中，与三星堆文化联系最紧密的就是数量惊人的青铜器。

金沙遗址出土的青铜器有1200多件，主要是小型青铜器，有青铜戈、青铜铃铛、青铜立人像以及青铜礼器残片。

尽管在金沙出土的青铜器中没有发现三星堆文化中巨大的青铜树，但金沙出土的青铜立人像在风格上和造型上与三星堆的青铜立人像非常相似。甚至可以说，金沙青铜立人像就是三星堆青铜立人像缩小了的复制品。

正是金沙青铜立人像与三星堆青铜立人像的亲缘关系，揭示出了金沙遗址与三星堆古蜀文明的内在联系。

《 令人不解的谜团 》

古蜀文明，从公元前约2800年宝墩古城建立，到公元前315年秦国大军攻入蜀地，前后历时2500多年。

在这长达2500年的历史时期内，古蜀国前后经历了宝墩文化、三星堆文化和金沙文化三个历史阶段，创造了辉煌的古代文明。由于人们始终没能破译古蜀国的文字，因此，古蜀文明仍然为我们留下了开头所说的那一连串的未解之谜。